Michael Kamp

Vom Staatsdruck zum ID-Systemanbieter

250 Jahre Identität und Sicherheit

Die Unternehmensgeschichte
der Bundesdruckerei

Wir bedanken uns ganz herzlich bei allen,
die das Buchprojekt auf unterschiedlichste Art
und Weise unterstützt haben: zum Beispiel
durch Zeitzeugengespräche, die Bereitstellung
von Dokumenten, Bildern und Materialien,
durch wertvolle Hinweise und Auskünfte.
Sie haben maßgeblich dazu beigetragen, dass
die Chronik der Bundesdruckerei zu dem
geworden ist, was sie ist.

Inhalt

2013

Teil I

Identität
Von der Hof- zur
Bundesdruckerei

Fast 250 Jahre liegen zwischen der Verleihung des Privilegs an Georg Jacob Decker, alle staatlichen Druckarbeiten auszuführen, und dem heutigen Bundesdruckereikonzern. Auf dem Weg dorthin wird die Decker'sche Hofbuchdruckerei – gemeinsam mit der Preußischen Staatsdruckerei – zunächst zur Reichsdruckerei verschmolzen und Anfang der 1950er-Jahre in Bundesdruckerei umbenannt.

In seiner Geschichte macht das Unternehmen im Kaiserreich durch erste Reisedokumente, Banknoten sowie Kunstdrucke von sich reden. Es folgt die Produktion von Kriegsanleihen während des Ersten Weltkriegs, im »Dritten Reich« kommt es zur Gleichschaltung der Reichsdruckerei, unter anderem werden zahlreiche Mitarbeiter aus politischen Gründen entlassen. Auch Nachkriegszeit und das geteilte Deutschland stellen die Bundesdruckerei vor große Herausforderungen, verläuft doch die Berliner Mauer direkt entlang des Unternehmensgeländes. Kurz nach der Wiedervereinigung befindet sich die Bundesdruckerei wieder mitten im politischen Zentrum der Republik. Es beginnt die Entwicklung von einem klassischen Wertdruckunternehmen zu einem internationalen Anbieter für »Sichere Identität«.

Kapitel 1

Die Anfänge

1763 bis 1879

Der Berliner Opernplatz um 1770. Die Postkarte zeigt die Aussicht aus dem Opernhaus.

Im Auftrag des Alten Fritz

Berlin Mitte des 18. Jahrhunderts: Friedrich II., der schon zu Lebzeiten der Große genannt wird, regiert seit 1740 das Königreich Preußen. Friedrich ist genialer Feldherr, aufgeklärter Staatsmann und musischer Schöngeist. Er erobert Schlesien und etabliert Preußen nach dem Siebenjährigen Krieg als fünfte europäische Großmacht neben Frankreich, England, Russland und Österreich. Davon profitiert auch die königliche Haupt- und Residenzstadt: In Berlin entstehen zahlreiche repräsentative Neubauten und die Wirtschaft floriert. Gleichzeitig wird die Stadt zum Zentrum der europäischen Aufklärung und zum Anziehungspunkt für bedeutende Künstler und Gelehrte aus ganz Europa.

Friedrich treibt die Geistesbewegung der Aufklärung in Preußen voran: Schon kurz nach seinem Regierungsantritt schafft er die Folter ab. Er rationalisiert die Staatsverwaltungen, strukturiert die Wirtschaft um und fördert das Kulturleben. Außerdem lockert er die Zensur und vertritt eine Politik der religiösen Toleranz in seinem Land.

In Berlin entsteht eine Öffentlichkeit, wie sie heute selbstverständlich ist: das Zeitungswesen und der Buchdruck blühen auf. Auch die Anzahl der Druckprodukte, die der Staat in Auftrag gibt, wie etwa Formulare, Dekrete und Bücher, nimmt stetig zu. Friedrich macht es sich daher zur Aufgabe, das Druckwesen neu zu organisieren

Friedrich der Große, preußischer König von 1740 bis 1786, fördert Wissenschaft, Kunst und Wirtschaft in seinem Land. Davon profitiert auch das Druckwesen in Preußen.

und verleiht dem Buchdrucker Georg Jacob Decker im Jahr 1763 das Privileg, alle staatlichen Druckarbeiten erledigen zu können.[1] Damit legt der Alte Fritz den Grundstein für die spätere Bundesdruckerei.

Buchdrucker mit Tradition

Der 1732 in Basel geborene Georg Jacob Decker entstammt einer schweizerisch-elsässischen Buchdrucker- und Buchhändlerfamilie. Das Druckhandwerk erlernt er in Straßburg, Frankfurt am Main und Leipzig. 1751 kommt Decker nach Berlin und übernimmt einige Jahre später die Druckerei seines Schwiegervaters, für die er neue Schriften gießen und die Pressen verbessern lässt.[2] Die Qualität seiner Arbeiten ist hervorragend, was ihm einen tadellosen Ruf einbringt und volle Auftragsbücher beschert. Die Druckerei expandiert: Decker schafft neue Druckpressen an und baut die Werkstatt aus. Als auch dieser Platz nicht mehr reicht, zieht er mit seiner Druckerei von der Oberwallstraße in die Wallstraße, Nähe Spittelmarkt, wo nun fünf Pressen laufen.[3]

Am 26. Oktober 1763 ist es soweit. Friedrich II. erklärt, »daß Wir dem Buchdrucker George Jacob Decker wegen seiner Uns angerühmten Geschicklichkeit und Fleißes den Character eines Hof-Buchdruckers allergnädigst accordiret haben.«[4] Kurz darauf erhält Decker die vom König eigenhändig unterschriebene Bestätigung, dass die staatlichen Druckarbeiten allein von ihm zu fertigen seien. Damit wird die Druckerei zur Decker'schen Hofbuchdruckerei.

1769 gründet **Decker** einen Verlag, der königliche Gesetze und Verordnungen, später auch amtliche Werke und Journale, Gesangbücher, Bibeln usw. publiziert – bis Ende des 18. Jahrhunderts umfasst das Verlagsprogramm bereits vierhundert Schriften.

Staatliche Druckaufträge in Familienhand

Am königlichen Hof Preußens wird vorwiegend Französisch gesprochen. Friedrich, der von der französisch sprechenden Madame de Rocoulle erzogen wurde, schreibt sämtliche Briefe und Bücher auf Französisch. Um die kunstvoll verzierten Schriften zu setzen und zu drucken, bedarf es besonderer Matrizen. Im Dezember 1767 macht Friedrich II. seinem Hofbuchdrucker daher folgendes Angebot: wenn eine »vollständige Französische Buchdruckerey und Schrift-Gießerey auf eigene Kosten würcklich angeleget und zu Stande gebracht seyn wird, das Privilegium der Hofbuchdruckerey auf seine Familie extendiret werden solle«.[5] Deckers Vorrecht, alleine staatliche Druckaufträge ausführen zu dürfen, soll also erblich werden. Um die Anforderungen Friedrichs zu erfüllen, stellt Decker spezialisiertes Personal ein, das die Matrizen für die französische Schrift herstellt. Bald beliefert seine, nun um eine Schriftgießerei erweiterte, Hofbuchdruckerei unter anderem die Akademie der Wissenschaften in Berlin und fast sämtliche Universitätsdruckereien Europas mit eigenen Schrifttypen.[6]

Deckers Engagement wird belohnt: Der König hält sein Versprechen und sichert Decker die Erblichkeit des Privilegs des Hofbuchdruckers zu.[7]

1799

herrscht Napoleon über Frankreich. Seine Truppen besetzen ganz Deutschland. 1806 ziehen sie in Berlin ein und bleiben bis 1808.

Die Berliner Mauerstraße und die Dreifaltigkeitskirche auf einer Postkarte, um 1780.

1789

beginnt mit dem Sturm auf die Bastille die Französische Revolution. Der König wird abgesetzt, eine Republik errichtet. Ziel der Revolution ist es unter anderem, die Gedanken der Aufklärung umzusetzen, insbesondere die Menschenrechte.

Decker druckt unter anderem folgende Schriften Friedrichs II.: »Geschichte meiner Zeit«, »Geschichte des siebenjährigen Krieges«, »Briefe an Voltaire« und »Vermischte Briefe des Königs«.

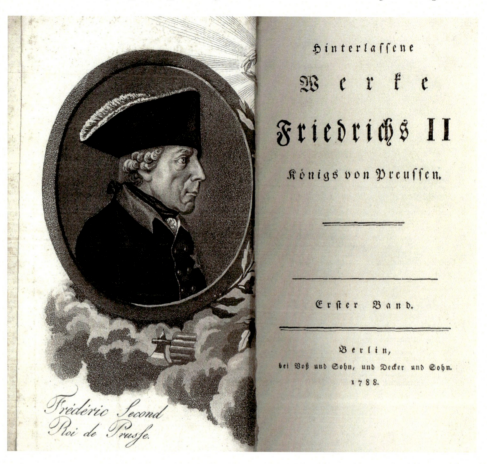

1809
wird in Berlin die Friedrich-Wilhelm-Universität gegründet, die 1945 in Humboldt-Universität umbenannt wird.

Satz und Druck der **Werke Friedrichs II.** kosten 8.575 Taler und 3,75 Silbergroschen. Zum Vergleich: Der Preis für ein Pfund Rindfleisch beträgt etwa ein Silbergroschen.

Friedrichs Nachlass

1786 stirbt Friedrich der Große, und sein Neffe, Friedrich Wilhelm II., folgt ihm auf den Thron. Ein Jahr später, 1787, beauftragt der neue König Decker damit, die teils noch unveröffentlichten Werke seines Onkels zu drucken und zu verlegen. Denn Friedrich II. war nicht nur ein großer Staatsmann, sondern auch Philosoph und Schriftsteller, der im Laufe seines Lebens zahlreiche literarische Werke verfasste. Um die Drucklegung von Friedrichs Schriften voranzutreiben, lässt Friedrich Wilhelm II. im Berliner Schloss eine Druckerei mit zehn Pressen einrichten. Zwei Jahre später hat Decker den Druck der Werke des berühmten Preußen-Königs vollendet.[8]

    Friedrich Wilhelm II., der die Druckerei im Schloss immer wieder besucht, ist von Deckers Können so beeindruckt, dass er ihn schließlich zum Königlich Geheimen Ober-Hofbuchdrucker ernennt.[9]

Decker versteht sein Handwerk

Um 1800 ist die Decker'sche Hofbuchdruckerei mit 83 Beschäftigten und einem Ruf, der weit über Berlin und die Grenzen Preußens hinausgeht, die Nummer eins unter den Berliner Druckereiunternehmen.[10] Unter ihnen finden sich klingende Namen wie Friedrich Nicolai, Friedrich Maurer und Christian Friedrich Voß – Persönlichkeiten, die das Verlags- und Druckwesen sowie das öffentliche Leben Berlins mitbestimmen. Die Decker'sche Hofbuchdruckerei steht nicht nur wegen ihrer hohen qualitativen Leistungen an erster Stelle, sie druckt auch die meisten Bücher in Berlin.

Zum guten Ruf des Unternehmens haben sowohl der Druck von Friedrichs Werken als auch von anderen Büchern in Deckers eigenem Verlag beigetragen, wie etwa Bornemanns »Plattdeutsche Gedichte« oder die »Anatomischen Abhandlungen« von Johann Christian Andreas Mayer.[11] Den Schwerpunkt der Arbeit bildet jedoch das Tagesgeschäft: der Druck von Gesetzesblättern, Edikten, amtlichen Erlassen und Formularen.[12] Hinzu kommt der Druck von Losen für die Königlich Preußische Lotterie, mit deren Verkauf der Staat seine Kassen aufbessert und die reißenden Absatz finden.[13]

Darüber hinaus beauftragen nicht nur die in Berlin ansässigen obersten Staatsbehörden die Decker'sche Hofbuchdruckerei, sondern auch zahlreiche Behörden mittleren Ranges in und außerhalb Berlins. Die gute Auftragslage und die vielen Auftraggeber ermöglichen es Decker, seinen Betrieb im Laufe der Jahre kontinuierlich auszubauen – schon bald beschäftigt er mehr als 300 Mitarbeiter.[14]

Im Alter von 60 Jahren zieht sich Decker aus dem Geschäft zurück und übergibt es 1792 an seinen Sohn Georg Jacob, den Jüngeren, der schon seit einiger Zeit im Geschäft seines Vaters mitgearbeitet. 1819 stirbt Georg Jacob der Jüngere und seine Söhne Karl Gustav und Rudolf Ludwig übernehmen die Leitung der Druckerei. Nach dem frühen Tod seines Bruders 1829 führt Rudolf Ludwig die Druckerei bis zu seinem Tod 1877 alleine weiter.[15]

Erste Reisedokumente

Bereits im Altertum kannten die Menschen passähnliche Dokumente. Reisende führten versiegelte Schreiben mit sich, mit deren Hilfe sie die Grenzen fremder Länder passieren durften. Seit dem 15. Jahrhundert enthielten die Dokumente zunehmend auch den Namen oder Identifizierungsmerkmale des Inhabers und dienten damit als Identitätsnachweis.

300 Jahre später lösen gedruckte Formulare die handschriftlich verfassten Schriftrollen ab. Um 1800 beginnt die Decker'sche Hofbuchdruckerei in Preußen mit der Herstellung solcher Formulare für Passierscheine. Jetzt müssen die Aussteller der Dokumente die Vordrucke nur noch ausfüllen und spezifische Merkmale des Passinhabers eintragen, zum Beispiel Haar- und Augenfarbe oder Nasen- und Kinnform. Allerdings gelten die Passierscheine oft nur für zuvor festgelegte Reiserouten und müssen täglich abgezeichnet werden.[16]

1795 zieht die Druckerei in die **Wilhelmstraße 75**, Ecke Königgrätzer Straße 136.

1835 fährt in Deutschland die erste Eisenbahn auf der Strecke zwischen Nürnberg und Fürth. Drei Jahre später wird mit der Berlin-Potsdamer Eisenbahn die erste Eisenbahnstrecke Preußens eröffnet.

Eine Passkarte von 1852.
Die Karten werden im
Deutschen Bund als
Pässe verwendet und
sind Vorläufer des
Personalausweises.

Im 19. Jahrhundert nimmt die Anzahl der Reisenden weiter zu und der Besitz eines Passes wird zur Voraussetzung für grenzüberschreitende Mobilität. So führt der Deutsche Bund, zu dem auch Preußen gehört, 1852 eine Passkarte ein. Auf der Vorderseite steht handschriftlich der Name des Inhabers, auf der Rückseite finden sich Angaben zu Alter, Statur und Haarfarbe. Auch die Kategorie »Besondere Kennzeichen« gibt es. Hier werden auffällige Identifizierungsmerkmale eingetragen, wie Narben oder das Tragen eines Barts. Die eigenhändige Signatur im Feld »Unterschrift des Inhabers« stärkt die Bindung zwischen Dokument und Passbesitzer.

Die Manipulation der hoheitlichen Dokumente wird unter Strafe gestellt. So heißt es auf der preußischen Passkarte: »Wer die Passkarte verfälscht, oder von einer falschen oder verfälschten wissentlich Gebrauch macht, sich eine Passkarte auf einen falschen Namen ausstellen lässt, oder eine für einen Andern ausgestellte für sich gebraucht, oder die ihm ertheilte einem Andern zum Gebrauche überlässt u. s. w., wird mit Gefängniss von 1 Woche bis zu 3 Monaten bestraft.«

Die Gründung einer »weiteren« Staatsdruckerei

Mitte des 19. Jahrhunderts gewinnen sogenannte Kassenanweisungen sowie Papiergeld immer mehr an Bedeutung. Der Inhaber einer Kassenanweisung erhält bei Vorlage in Banken Münz- oder Papiergeld.

Da die Decker'sche Hofbuchdruckerei weder Kassenanweisungen noch Papiergeld produziert – diese spielten zu Deckers Zeiten kaum eine Rolle – übernehmen zunächst private Druckereien den Druck von Papiergeld. Das bringt allerdings Probleme mit sich: Durch die fehlende zentrale Kontrolle wird nicht nur zu viel Papiergeld in Umlauf gebracht, sondern auch Falschgeld.[17] Daraufhin beschließt der preußische Staat, eine staatseigene Druckerei zu gründen.[18]

Diese soll zusätzlich die Produktion von Briefmarken und gestempelten Briefen übernehmen, denn auch diese neuartigen Wertdrucke können nicht von der Decker'schen Hofbuchdruckerei hergestellt werden. Die ersten preußischen Briefmarken erscheinen 1850. Sie zeigen ein Profilporträt von König Friedrich Wilhelm IV.

Johann Wilhelm Wedding, der am Königlichen Gewerbeinstitut zu Berlin als Techniker tätig und für die Anfertigung von Kassenanweisungen, Banknoten und sonstigen geldwerten Papieren zuständig ist, arbeitet die Pläne für die neue Druckerei aus. Am 30. April 1851 wird die Preußische Staatsdruckerei durch Königlichen Erlass gegründet.[19]

Die Decker'sche Hofbuchdruckerei befindet sich zwar im Privatbesitz, aber sie hat seit den 1790er-Jahren aufgrund ihrer Aufträge und Anbindung an den Staat den Status einer Behörde. Daher gilt die Preußische Staatsdruckerei als zweite staatliche Druckerei.

1849 erscheint die erste Briefmarke Deutschlands: der **Bayerische Kreuzer.** Ein Jahr später gibt auch Preußen Marken heraus.

Die **Anzahl der Mitarbeiter** der Preußischen Staatsdruckerei steigt von 21 im Jahr 1852 auf 350 im Jahr 1877.

1846 entwickelt Werner von Siemens den elektrischen Zeigertelegrafen mit Selbstunterbrechung.

Mit diesem Reisepass werden alle Behörden im Ausland gebeten,
den Inhaber »frei und ungehindert reisen« zu lassen.

1861

erfindet der Lehrer
und Physiker Johann Philipp
Reis das Telefon.

Preußischer Geldschein im Wert von »5 Thalern Courant« aus dem Jahr 1856.

Zwischen 1870 und 1876 erwirtschaftet die Preußische Staatsdruckerei einen **Gewinn von vier Millionen Mark**, der an den preußischen Staat abgeführt wird.

Druckmaschine in der Staatsdruckerei, etwa 1870.

Die Postverwaltung mischt sich ein

In die Gründung der Preußischen Staatsdruckerei 1851 ist neben der Staatsschuldenverwaltung auch die preußische Postverwaltung involviert. Die Postverwaltung ist für den Briefmarkendruck zuständig und sehr daran interessiert, dass dieser gut organisiert ist. Daher stellt sie einen Teil des Postwagenhofs in der Oranienburgerstraße für den Neubau der Staatsdruckerei zur Verfügung. Doch der Baugrund ist sumpfig und die Bauarbeiten müssen eingestellt werden. Staat und Postverwaltung suchen ein neues Grundstück, das sie bald in der Oranienstraße 92/93 finden. Die Immobilie gehört dem Staat und wird durch Ankauf des benachbarten unbebauten Grundstückes Nr. 94 erweitert. Eigentlich ist das gesamte Areal für den geplanten Neubau zu groß, aber die Planer beweisen Weitsicht, indem sie die spätere Erweiterung der Gebäude voraussehen. Weiterhin spielt der Sicherheitsaspekt eine Rolle für den Kauf der angrenzenden Parzellen, denn jetzt befindet sich kein privates Grundstück mehr in unmittelbarer Nachbarschaft.[20] Eine wichtige Maßnahme des preußischen Staates, um zu verhindern, dass Unbefugte die Fertigung der teils geheimen staatlichen Drucksachen ausspionieren.

Am 1. Juli 1852 wird die Preußische Staatsdruckerei offiziell eröffnet und nimmt unter der Leitung des technischen Betriebsdirektors Johann Wilhelm Wedding zunächst mit 21 Mitarbeitern den Betrieb auf.[21] Die neue Druckerei ist der preußischen Hauptverwaltung der Staatsschulden unterstellt.[22]

Wettstreit um Staatsaufträge

Kurz nach ihrer Eröffnung produziert die Preußische Staatsdruckerei nicht nur Banknoten und Briefmarken, sondern auch Drucksachen für die Staatsbehörden – sehr zum Missfallen der Decker'schen Hofbuchdruckerei. Die Nachfahren Georg Jacob Deckers erheben Einspruch gegen die Fertigung nicht geldwerter Drucksachen durch den neuen Konkurrenten und verweisen auf das ihnen vom preußischen König verliehene Privileg. Daraufhin hält der preußische Staat seine Behörden an, nicht geldwerte Dokumente wieder bevorzugt durch die Hofbuchdruckerei fertigen zu lassen.[23] Hinzu kommt der Druck von Kursbüchern, in denen die Fahrpläne der Eisenbahnen verzeichnet sind, von sogenannten Formbüchern, die juristische Abhandlungen beinhalten, sowie von Zeitungspreislisten.

Die staatlichen Druckpressen laufen auf Hochtouren

Obwohl die Preußische Staatsdruckerei auf die Produktion nicht geldwerter Drucksachen verzichtet, ist das Auftragsvolumen immens. Gleich im ersten Jahr produziert der Betrieb 40,5 Millionen Postwertzeichen und rund 3,8 Millionen gestempelte Briefe. Nicht nur die preußische Postverwaltung vergibt Aufträge an die Preußische Staatsdruckerei, sondern auch andere damalige deutsche Bundesstaaten wie etwa Württemberg, Braunschweig, Hannover oder Mecklenburg-Strelitz lassen in Berlin Briefmarken drucken.[24]

Aufträge für den Banknotendruck erhält die Staatsdruckerei in erster Linie von der Preußischen Staatsbank. Aber auch Banken aus dem In- und Ausland, unter anderem aus Braunschweig, Breslau, Köln, Danzig, Weimar und Finnland sind von den guten Leistungen der Preußen überzeugt und bestellen ihre Banknoten in der Oranienstraße. Pfandbriefe sowie Anleihe- und Dividendenscheine, die der Betrieb für verschiedene behördliche Auftraggeber, wie Länder, Städte und Kreise sowie Unternehmen, Handelskammern und Verbände, herstellt, vervollständigen das Portfolio.

Zeitweilig produziert die Staatsdruckerei auch Passkarten, was allerdings immer wieder zu Auseinandersetzungen mit der Familie Decker führt. Die Zuständigkeiten für diese Aufträge sind nicht klar vergeben und wechseln hin und her.[25]

Anfang 1861 kommt für die Staatsdruckerei eine weitere Aufgabe hinzu: Sie übernimmt das Königlich Lithographische Institut und fertigt Generalstabskarten und Formulare für Militärdienststellen.[26]

Im Laufe der Jahre steigert die Preußische Staatsdruckerei ihre Druckleistung erheblich: Produziert sie im ersten Jahr noch ca. 40 Millionen Postwertzeichen, sind es 24 Jahre später, 1876, schon 592 Millionen.[27]

Zum 100. Jubiläum der Decker'schen Hofbuchdruckerei 1863 gratuliert der preußische Ministerpräsident, **Otto von Bismarck**, persönlich: »Es liegt mir besonders die Pflicht ob, zu diesem Festtage der patriotischen Hingebung, mit der Sie stets auch unter schwierigen Umständen der Regierung Ihre Dienste gewidmet, und der Treue eingedenk zu sein, mit welcher Sie bei allen Bewegungen der Zeit die Ehre Ihrer Anstalt als einer Hof-Buchdruckerei im Dienste Ihres Königs gewahrt haben.« Damit unterstreicht Bismarck die besondere Stellung der Decker'schen Hofbuchdruckerei als eine quasistaatliche Einrichtung.

1865 erscheint »Max und Moritz« von Wilhelm Busch erstmals.

REICHSDRUCKEREI·BERLIN

1852 — 1879

1871
eint der preußische Ministerpräsident Otto von Bismarck
das Deutsche Reich. Im Januar 1871 wird der preußische König
Wilhelm I. im Spiegelsaal von Versailles zum Deutschen Kaiser
ausgerufen und damit das Deutsche Kaiserreich gegründet.

I Altes Werkstattgeb.	VIII Werkstattgeb. I	XIV Verbindungsbau I	XX Ehem. Badehaus
II Künstlerwerkstattgeb.	(an der Alten Jakobstraße)	XV Quergebäude C	XXI Verbindungsbau II
III Oberlichtsaalgeb.	IX Quergebäude A	XVI Werkstattgeb. II	XXII Quergebäude E
IV Verwaltungsgeb.	X Quergebäude B	(an der Alten Jakobstraße)	XXIII Werkstattgeb. IIa
V Westl. Werkstattgeb.	(mit Oberlichtanbau)	XVII Wohnhaus	(an der Alten Jakobstraße)
Va Verbindungsgang	XI Gartenflügel	(Kommandantenstraße)	K I Kesselhaus I
VI Östl. Werkstattgeb.	XII Werkstattbaracke	XVIII Packkammeranbau	K II Kesselhaus II
VII Eckbau	XIII Quergebäude D	XIX Ehem. Kurhaus	K III Ehem. Kesselhaus III

*Anlässlich der Gründung der Reichsdruckerei erscheint 1879 eine detailreiche
Zeichnung ihres Geländes. Sie zeigt Lage und Funktion sämtlicher Gebäude der Druckerei.*

Stephan hatte sich vom Lehrling bei der Stolper Post bis zum Generalpostmeister des Deutschen Reiches hochgearbeitet. Nach seinem Dienst im preußischen Heer und kurzer Zwischenstation im Berliner Generalpostamt, kam er zur Oberpostdirektion Köln, wo er sich hauptsächlich um die Abwicklung überseeischer Postrechnungen kümmerte. 1856 kehrte er in das Generalpostamt nach Berlin zurück. Zwei Jahre später vollendete er die »Geschichte der preußischen Post« ein Standardwerk zur Postgeschichte.

Auf dem Weg zur Reichsdruckerei

1871 entsteht das geeinte Deutsche Kaiserreich. Die deutschen Bundesstaaten wachsen zusammen. In München, Stuttgart und anderen Haupt- und Residenzstädten regieren die alten Herrscher weiter, gleichzeitig etabliert sich in Berlin die neue Reichsregierung mit allen dazugehörigen Institutionen. Schrittweise führt sie einheitliche Maße und Gewichte ein, und mit der Mark gibt es eine gemeinsame Währung. Durch die Einigung des Reichs nehmen die staatlichen Druckaufträge stark zu und es kommt bald die Idee auf, eine unabhängige zentrale Druckerei für das Deutsche Kaiserreich zu gründen.[28]

1873 fordert ein Vertreter des Generalpostamts eine reichseigene Druckerei, doch die Pläne werden zunächst nicht weiter verfolgt. Erst zwei Jahre später, in einer Sitzung des Reichstags im Dezember 1875, kommt das Vorhaben erneut auf die Tagesordnung. Während die Abgeordneten die neuen Reichskassenscheine und -banknoten prüfen, plädiert ein Abgesandter des Generalpostamts erneut für eine zentrale reichseigene Druckerei und verweist auf bessere Kontrolle und mehr Sicherheit für die Herstellung sensibler Drucksachen. Die Vertreter der Privatwirtschaft sind entrüstet. Sie hatten gehofft, an den vielfältigen neuen und umfangreichen Druckaufgaben partizipieren zu können.[29]

Deckers Erben verkaufen die Hofbuchdruckerei

Doch noch ist es nicht so weit. Es bedarf einer treibenden Kraft und einer guten Gelegenheit, die Idee der Reichsdruckerei in die Tat umzusetzen. Treibende Kraft wird der Generalpostmeister Heinrich von Stephan. Mit Unterstützung des Reichskanzlers, Otto von Bismarck, forciert er die Gründung einer reichseigenen Druckerei.

Die gute Gelegenheit ergibt sich, als Rudolf Ludwig Decker stirbt und seine Erben das Familienunternehmen verkaufen wollen. Die Lage der Druckerei ist optimal, denn das Grundstück befindet sich in der Wilhelmstraße 75, Ecke Königgrätzer Straße 136, inmitten des Regierungsviertels, wo bereits zahlreiche Reichsbehörden ansässig sind. Die Vertreter des Reichs haben kein Interesse daran, dass das Grundstück in die Hände von Spekulanten oder in fremden Besitz übergeht.[30] Im Februar 1877 wird schließlich ein Kaufvertrag zwischen dem Reich und den Decker'schen Erben geschlossen.[31] Der neue staatliche Druckbetrieb untersteht fortan der »Kaiserlichen Verwaltung der vormaligen Geheimen Ober-Hofbuchdruckerei«. Oberster Leiter wird Generalpostmeister Heinrich von Stephan.[32]

Die Abgeordneten des Reichstags müssen 1877 über den **Kauf der Decker'schen Hofbuchdruckerei** abstimmen: 138 sind dafür, 90 dagegen.

Steindruckhandpresse (undatiert)

STEINDRUCK

1796 erfindet der deutsche Musiker Aloys Senefelder den Steindruck. Hierbei handelt es sich um ein Flachdruckverfahren. Die Druckform besteht aus kohlesaurem Kalkschiefer, der Wasser und Fett gleichzeitig gut aufnehmen kann. Der Drucker trägt das zu druckende Motiv mittels fetthaltiger Farbe auf den Stein auf. Der kohlesaure Kalk geht mit der Fettfarbe eine Verbindung ein, die Fett anzieht und Wasser abstößt. Die nicht mit Farbe versehenen Stellen des Kalkschiefers werden mit verdünnter Salpetersäure und Gummi arabicum behandelt, damit sie Fett abweisen, aber Wasser aufnehmen. Anschließend befeuchtet der Drucker die steinerne Druckplatte, die aufgetragene Druckfarbe haftet nur auf den gezeichneten Stellen, während die Farbe von den bildfreien Stellen abgestoßen wird. Der Steindruck ist der direkte Vorfahre des heute üblichen Offsetdruckverfahrens.

1875

überschreitet die Einwohnerzahl Berlins die Millionengrenze. Das bedeutet einen Zuwachs von 200.000 Bewohnern, seit die Spreemetropole 1871 Hauptstadt des Reiches geworden war.

RECHTE SEITE *Berlin im Jahr 1875. Die Postkarte zeigt die Schlossfreiheit mit den Werderschen Mühlen, heute die Schlossbrücke.*

LINKE SEITE *In der Wilhelmstraße 75 residiert bis 1818 die Decker'sche Oberhofbuchdruckerei. 1875, als diese Fotografie entsteht, ist längst das Auswärtige Amt hier untergebracht.*

Die Reichsdruckerei wird gegründet

Damit geben sich Bismarck und Stephan jedoch nicht zufrieden. Sie streben die Vereinigung der Ober-Hofbuchdruckerei mit der Königlich-Preußischen Staatsdruckerei zu einer Reichsdruckerei an, die sämtliche Staatsaufträge übernimmt. Die Gründe hierfür liegen auf der Hand wie es aus Regierungskreisen heißt: »Da die Staatsdruckerei nicht etwa Werthpapiere und Postwerthzeichen allein, sondern auch andere Drucksachen liefert, so fällt ihre Thätigkeit in Bezug auf typographische Arbeiten mit derjenigen der früher von Decker'schen Druckerei zusammen. Bei getrennter Verwaltung würde jede Anstalt darauf bedacht sein müssen, möglichst umfangreiche und nutzbringende Aufträge der Behörden an sich zu ziehen, was eben nur auf Kosten der anderen Anstalt geschehen könnte. Daß eine solche Konkurrenz zweier, den nämlichen Zwecken dienenden Staatsanstalten für das Gedeihen derselben nicht förderlich, sondern schadenbringend sein würde, erscheint außer Frage.«[33] Weiterhin können durch die Zusammenlegung beider Druckereien Kosten gespart werden, sowohl auf personeller Ebene als auch bei der Ausstattung.

    Daher beschließen die Vertreter des Reichs: »Die Königlich preußische Staatsdruckerei geht behufs Umwandlung in eine Reichsanstalt am 1. April 1879 mit allem Zubehör auf das Reich über.«[34] Der Preis für die Preußische Staatsdruckerei beträgt 3,573 Millionen Mark, hinzu kommen weitere 1,3 Millionen Mark für die organisatorische Vereinigung beider Druckbetriebe.[35] Am 6. Juli 1879 wird die preußische Staatsdruckerei mit der ehemaligen Decker'schen Hofbuchdruckerei zur Reichsdruckerei zusammengeführt.[36] ◆

Das Reich erwirbt **Grundstück und Druckerei der Familie Decker** zu einem Kaufpreis von 6,78 Millionen Mark. Der Preis von 1 kg Weizen beträgt 0,28 Mark.

Sicherheitsmerkmale eines Reisepasses

Die preußischen Reisepässe aus dem 19. Jahrhundert sahen völlig anders aus als der elektronische Reisepass heute: großformatige Papiere gegenüber modernen Passbüchern im so genannten ID3-Format (125 × 88 mm). Die Bundesdruckerei sowie ihre Vorgängerunternehmen haben viele der Sicherheitsmerkmale selbst entwickelt oder ihr Know-how für die Umsetzung beigesteuert. Die hier stilisiert dargestellten Merkmale sind eine Auswahl.

Persönliche Daten
Im so genannten »Signalement«, der Personenbeschreibung, werden die wichtigsten Angaben wie Name, Gewerbe, Geburtstag und -ort sowie Religionszugehörigkeit festgehalten.

Nummerierung
Die Nummerierung des Passes ermöglicht einen Abgleich mit dem so genannten »Paß-Journal« der ausstellenden Behörden. Das ist eine Art Personenregister, in dem alle Passinhaber mit Signalement verzeichnet sind.

Äußerliche Merkmale
Um eine möglichst eindeutige Identifikation zu gewährleisten, sind darüber hinaus die äußerlichen Merkmale des Passinhabers detailliert beschrieben: u. a. die Form des Kinns, die Farbe der Augen sowie Angaben zur Statur und besonderer Kennzeichen.

Wasserzeichen
Das Wasserzeichen im Passpapier wird während der Papierherstellung eingebracht. Damit ist es schwer zu fälschen und soll die Echtheit des Passes garantieren.

Unterschrift
Die Unterschrift als unverkennbarer, individueller Schriftzug stellt bereits im 19. Jahrhundert ein besonders wichtiges Sicherheitsmerkmal dar.

Wappen
Das auf dem Pass skizzierte Wappen Preußens ist im aufwändigen Kupferdruckverfahren hergestellt. Damit ist es schwer zu imitieren und schützt vor Fälschung.

FRÜHER

Der hier stilisierte Reisepass eines Wandergesellen stammt aus dem Jahr 1857. Eine Besonderheit der damaligen Zeit: Die Pässe unterscheiden sich je nach Gesellschaftszugehörigkeit der Inhaber. So ist der Pass eines Reichsabgesandten beispielsweise mit mehr Sicherheitsmerkmalen versehen, als der eines einfachen Wandergesellen.

HEUTE

Seit 2005 gibt es in Deutschland eine völlig neue Generation von Reisepässen: Elektronische, maschinenlesbare Dokumente, die in einem Sicherheitschip biometrische Daten speichern. Der aktuelle »ePass« ist ein Buch, in das eine laminierte Passkarte eingearbeitet ist. Der Chip befindet sich in der Passdecke. Die Kombination aus optischen und maschinenlesbaren Sicherheitsmerkmalen macht Passkarte und Passbuch fälschungssicher.

Persönliche Daten
Auch heute sind die wichtigsten Daten zum Passinhaber auf einer – wesentlich kleineren – Passkarte zu finden. Das biometrische Passbild ersetzt die Angaben zu äußerlichen Merkmalen. Für mehr Sicherheit werden Name und Vorname am rechten Rand des Bildes fühlbar in das Dokument gelasert.

Wasserzeichen
Ein Sicherheitsmerkmal ist nach wie vor das Wasserzeichen – in weiterentwickelter Form. Bei durchscheinendem Licht ist im Papier der Passkarte ein mehrstufiges Wasserzeichen zu erkennen: stilisierte Adler, die über die Fläche verteilt sind.

Identigram®
Eines der wichtigsten Sicherheitsmerkmale ist das von der Bundesdruckerei in Zusammenarbeit mit dem Bundesministerium des Innern und dem Bundeskriminalamt entwickelte Identigram®. Es gibt Teile der Passkarte holografisch wieder: neben dem Bundesadler auch das Lichtbild des Dokumenteninhabers in stilisierter Form sowie die maschinenlesbare Zone.

Guillochen
Die Passkarte ist mit mehrfarbigen Guillochen versehen. Diese Schutzmuster bestehen aus feinen, ineinander verschlungenen Linien, die im Sicherheitsdruck aufgebracht werden und sich zu einem Gesamtbild ergänzen.

Nummerierung
Seit dem 1. November 2007 haben deutsche Reisepässe eine aus Ziffern und Buchstaben bestehende Seriennummer. Diese setzt sich aus einer Behördenkennzahl sowie einer zufälligen, fünfstelligen alphanummerischen Passnummer zusammen.

Unterschrift
Bei der Fertigung des ePasses wird die Unterschrift des Inhabers während des Produktionsprozesses direkt in die Schichten der Passkarte eingebracht.

Kapitel 2

Die Reichsdruckerei

1879 bis 1933

Der Erweiterungsbau Oranienstraße Ecke Alte Jakobstraße. Er wird in den 1890er-Jahren errichtet und zeichnet sich durch seinen markanten, 35 Meter hohen Turm aus. Die Entwürfe für den Bau stammen aus der Feder von Karl Busse, damals Direktor der Reichsdruckerei.

1880

erscheint die erste
Auflage des »Duden«.

Alles unter einem Dach

Als Reichsbehörde untersteht die Druckerei direkt dem Reichspostminister. Die
oberste Leitung hat Generalpostmeister Heinrich von Stephan. Vor Ort für den
Betrieb verantwortlich ist der frühere Direktor der Preußischen Staatsdruckerei, der
Geheime Regierungsrat Karl Busse. Hauptsächlich übernimmt die Reichsdruckerei
Staatsaufträge. Sie druckt Verfügungen, Verordnungen, Gesetze und Erlasse, ebenso
Wertdrucke wie Banknoten und Postwertzeichen. Damit trägt sie entscheidend dazu
bei, dass der Staat seine Verwaltungsaufgaben erfüllen kann. Als Behörde ist die
Reichsdruckerei nicht darauf angewiesen, Gewinne zu erzielen. Ein positives Ergeb-
nis dient dem Postministerium jedoch als Nachweis für wirtschaftliches Arbeiten.[1]

   In den ersten Jahren ihres Bestehens produziert die Reichsdruckerei in den
ehemaligen Betrieben der Decker'schen Hofbuchdruckerei sowie der Preußischen
Staatsdruckerei. Anfang 1881 werden beide Druckereien in der Oranienstraße zusammengelegt. Weitere Liegenschaften erwirbt die Reichsdruckerei in der Alten Jakobstraße.[2] Das Areal liegt in unmittelbarer Nachbarschaft des Berliner Zeitungsviertels
in der südlichen Friedrichstadt. Bis nach der Jahrhundertwende siedeln sich dort
mehr als 500 Betriebe des grafischen Gewerbes sowie Druckereien und Verlags-
häuser an. Darunter namhafte Unternehmen wie der Ullstein-Verlag.[3]

   Zum Personal der Reichsdruckerei gehören Beamte, festangestellte Werkleute
sowie Monats- und Wochenlöhner. Bevor sie ihre Arbeit in der Reichsdruckerei
aufnehmen können, werden der bisherige Werdegang und das Strafregister der
potenziellen Mitarbeiter kontrolliert. Auch eine Gesundheitsprüfung gehört zu den
Einstellungsvoraussetzungen: Bewerber müssen »von entstellenden Gebrechen
frei sein und insbesondere ein ungeschwächtes Seh- und Hörvermögen sowie gute
Atmungswerkzeuge besitzen«.[4] Jedoch handhabt die Reichsdruckerei die gesundheitlichen Bestimmungen weniger streng. Nach dem Ersten Weltkrieg etwa stellt
sie auch Kriegsversehrte ein.[5]

Direktor der Reichs-
druckerei ist von 1879 bis
1896 **Karl Busse**. Sein Vater
Karl Ferdinand war Assis-
tent des Architekten Karl
Friedrich Schinkel und
später Direktor der Königlichen Bauakademie.

1879

präsentieren die Siemens & Halske-Werke
auf der Berliner Gewerbeausstellung
die erste elektrische Lokomotive der Welt.
Damit revolutionieren sie das Eisenbahnwesen.

Am Puls der Zeit

Die Reichsdruckerei ist anderen Druckereien technisch weit voraus. Sie übernimmt daher nicht nur staatliche Aufträge, sondern druckt auch für untergeordnete, institutionelle Auftraggeber. In den gesetzlichen Bestimmungen zur Errichtung der Reichsdruckerei heißt es hierzu: Sie soll, »ermächtigt sein, Arbeiten von städtischen etc. Behörden, Korporationen zu übernehmen, deren technische Herstellung in Deutschland nur mit den in der Reichsdruckerei eigenthümlichen Verfahrungsweisen und Hülfsmitteln erreichbar ist«.[6]

Um ihrer Vorreiterrolle gerecht zu werden, schafft die Reichsdruckerei kontinuierlich neue Maschinen an und hält so ihre Betriebsausstattung auf dem modernsten Stand. Zudem organisiert sie die Arbeitsprozesse neu und richtet spezialisierte Abteilungen ein: Ende der 1880er-Jahre etwa entsteht eine Abteilung für Gravur, Stempelschnitt und Guillochierung. Zur Gravierabteilung gehören die mechanische Werkstatt, die Schriftgießerei, die Motiverstellung für Wasserzeichen sowie die Galvanoplastik, wo Druckplatten mithilfe eines Elektrolytbades hergestellt werden. Zeitgleich richtet die Reichsdruckerei ein Labor ein, in dem Spezialisten die zu verarbeitenden Materialien prüfen und überwachen. 1898 entsteht daraus ein Versuchsatelier, in dem moderne Arbeitsweisen im Druckwesen erprobt werden. Die Einrichtung einer Farbenreiberei gewährleistet ab 1905 die gleichbleibende Qualität der Druckfarben.[7]

Zu den Vorzeige-Abteilungen der Reichsdruckerei gehört die Papiermacherei, in der Mitarbeiter unter anderem die Wirkung von Wasserzeichen-Formen in speziellen Papieren untersuchen. Verwendet werden die Wasserzeichen als Sicherheitsmerkmale bei Pässen und Banknoten. Besonders beeindruckt vom Können der Mitarbeiter zeigt sich Kronprinz Wilhelm von Preußen bei seinem Besuch im Jahr 1902. Zur Freude des Monarchen präsentiert ihm Direktor Ulrich Karl Johann Wendt ein Wasserzeichen mit dem Konterfei seines Vaters, Kaiser Wilhelms II..[8] Internationale Beachtung findet die Arbeit der Reichsdruckerei 1904 auf der Weltausstellung in St. Louis: Dort zeigt sie eine Sammlung von Büttenpapieren mit künstlerisch gestalteten Wasserzeichen – darunter Bilder der amerikanischen Präsidenten Roosevelt, Washington und Jefferson.[9]

Die Reichsdruckerei besteht Ende des 19. Jahrhunderts aus drei Abteilungen. Abteilung I ist für den Wertdruck – damals ›geldwerter Druck‹ genannt – einschließlich der Plattenherstellung zuständig. Die übrigen Werkstätten und der ›nichtgeldwerte Druck‹ sind in der Abteilung II zusammengefasst. Aus den Werkstätten für Fotografie, Heliografie (Lichtkupferstich), Lichtdruck, Lithografie (Steindruck), Chemigrafie (Druckverfahren mit Zinkplatten), Kupferstich und Galvanoplastik (Herstellungsverfahren von Plastiken mithilfe des Galvanisierens anstelle des Gießens) entsteht 1883 die Abteilung III, die sogenannte Chalkographische Abteilung (Kupferstich), in der hauptsächlich Kunstwerke fotomechanisch reproduziert werden.[10]

Guillochen sind feine Muster, die aus verschlungenen, ununterbrochenen und nach geometrischer Gesetzmäßigkeit aufgebauten Linien bestehen und als Sicherheitsmerkmal für den Druck von Banknoten sowie Identitätsdokumenten verwendet werden.

1886
rollen die ersten Benzinautos über Deutschlands Straßen.

Die Reichsdruckerei nimmt auch **Aufträge von Privatpersonen** an - vorausgesetzt, es handelt sich um Werke von künstlerischem oder wissenschaftlichem Interesse.

SETZEREI

Der Bleisatz ist ein Verfahren zur Herstellung
von Druckformen mit wiederverwendbaren
Lettern aus einer Blei-Zinn-Antimon-Legierung.
Johannes Gutenberg erfand die Zusammensetzung
der einzelnen Lettern von Hand (Handsatz) und
revolutionierte damit den Buchdruck. Ende des
19. Jahrhunderts verdrängt der Maschinensatz
den Handsatz: die Buchstaben werden entweder
einzeln (Monotype) oder in ganzen Zeilen (Linotype)
maschinell gegossen und gesetzt. In den 1960er-
und 1970er-Jahren löst dann der Fotosatz den
Maschinensatz ab. Die Schriftzeichen werden nicht
mehr gegossen, sondern belichtet und so auf Film
oder Fotopapier übertragen.

Setzerei der Reichsdruckerei (um 1883)

KUPFERSTICH

Der Kupferstich ist ein grafisches Tiefdruckverfahren, das hauptsächlich im künstlerischen
Bereich angewendet wird. Der Kupferstecher
überträgt zunächst eine Zeichnung seitenver-
kehrt auf die Kupferplatte. Dazu schiebt oder
»sticht« er mit einem sogenannten Grabstichel
aus Stahl das Material entlang der Zeichenlini-
en aus der Platte. Um die Druckfarbe gleich-
mäßig in den einzelnen Vertiefungen zu verteilen,
erwärmt der Kupferstecher die Kupferplatte vor
dem Auftragen der Farbe. Anschließend presst
er ein saugfähiges Papier auf die Platte, das die
Farbe aus den Vertiefungen aufnimmt. Die Linien
erscheinen auf dem Papier schwarz, die glatten
Teile der Platte weiß.

Kupferdruckerei der Reichsdruckerei (um 1883)

Aufnahme des Oberlichtsaals der Reichsdruckerei aus dem Jahr 1885.
Das Unternehmen beschäftigt inzwischen auch weibliche Mitarbeiter (vorne rechts im Bild).

1895

weiht Wilhelm II. am 21. Juni den Kaiser-Wilhelm-Kanal ein, der Nord- und Ostsee miteinander verbindet.

Sicherheit hat Priorität

Als staatliche Behörde hat die Reichsdruckerei besondere Pflichten. Unter anderem muss sie gewährleisten, dass Banknoten, Postwertzeichen sowie Pässe und andere Identitätsdokumente fälschungssicher sind. Dies erfordert nicht nur besondere technische Verfahren, sondern auch die Absicherung der Produktionsabläufe: Von der Herstellung über den Transport bis hin zur Aufbewahrung der fertigen Drucke hält die Reichsdruckerei strikte Sicherheits- und Kontrollmaßnahmen ein. Spezielle Materialien und Zwischenprodukte wie Papier, das mit »Faser- und Farbstreifen sowie Kopfwasserzeichen« versehen ist und nur für Banknoten verwendet werden darf, werden besonders gesichert.[11] Bei Auslandsaufträgen achtet die Reichsdruckerei darauf, dass im Papier andere Wasserzeichen verwendet werden als bei inländischen Produkten. Bereits in Umlauf befindliche Banknoten und Pässe werden bei Verdacht auf Fälschung von der Reichsdruckerei geprüft.[12]

1890

tritt Otto Fürst von Bismarck als Reichskanzler und preußischer Ministerpräsident zurück.

Variationen von »braunen und blauen Lappen«

Ab Januar 1882 druckt die Reichsdruckerei sogenannte Reichskassenscheine. Sie sind neben Banknoten anerkanntes Zahlungsmittel und haben einen Wert von 5, 20 oder 50 Mark. Beamte erhalten die von der Reichsschulden-Verwaltung herausgegebenen Reichskassenscheine als Lohnauszahlung. Sie beruhen auf einem Kredit des Staats.[13] Als Sicherheitsmerkmal befindet sich auf der Rückseite der Reichskassenscheine eine Seriennummer. Zusätzlich kommen farbige Pflanzenfasern im Papier zum Einsatz. Sie werden während des Produktionsprozesses in den Papierbrei gemischt.[14] Entwickelt hat diese Methode 1877 der Amerikaner James M. Wilcox. Um die Sicherheit noch weiter zu erhöhen, versieht die Reichsdruckerei die Kassenscheine ab 1906 zudem mit einem Kopfwasserzeichen des römischen Gottes Merkur.[15]

Seit der Jahrhundertwende hat sich die Menge der in Umlauf befindlichen Banknoten im Deutschen Kaiserreich verdreifacht. Grund dafür ist, dass die Reichsbank versucht, Papiergeld gegenüber Hartgeld als Hauptzahlungsmittel zu etablieren, schon aufgrund der Kosten für das Metall der Münzen. Um den enormen Bedarf an Papiergeld zu decken, beauftragt die Reichsbank 1883/84 die Reichsdruckerei mit der Herstellung von 100- und 1.000-Mark-Noten: Produziert werden sie im qualitativ hochwertigen Tiefdruckverfahren. Aufgrund ihrer Größe nennt der Volksmund diese Noten »blaue und braune Lappen«. Der 100-Mark-Schein, der »blaue Lappen«, misst dabei im Schnitt etwa 20 Zentimeter. Er trägt deshalb auch den Namen »langer Hunderter«. Der Geldschein ist mit einer Vielzahl von Bildern und Symbolen versehen, dazu kommt das Porträt Wilhelms I. als Wasserzeichen. Auffällig ist, dass die Geldscheine hinsichtlich ihrer Länge variieren – auch solche mit gleichem Wert.[16]

Durch die **Übernahme kleinerer Druckbetriebe** entwickelt sich die Reichsdruckerei stetig weiter. 1892 erwirbt sie unter anderem die Druckerei der Königlichen Akademie der Wissenschaften.

1901 wird am 10. Dezember zum ersten Mal der Nobelpreis verliehen. Zu den Preisträgern gehören Wilhelm Conrad Röntgen (Physik) und Emil von Behring (Medizin).

Reichsbanknote mit einem Wert von 100 Reichsmark von 1910, im Volksmund auch »blauer Lappen« genannt.

Der Berliner Alexanderplatz um 1900.

1902

nimmt zwischen Warschauer Brücke und Knie (heute Ernst-Reuter-Platz) die erste Berliner U-Bahnlinie ihren Betrieb auf.

BILD OBEN: *Friedrichstraße Ecke Behrenstraße um 1900.*

BILD LINKS: *Hallesches Tor mit Hochbahnhof um 1900.*

1905
veröffentlicht Albert Einstein
seine Spezielle Relativitätstheorie.

Künstlerisch anspruchsvoll: die Lutherbibel

Gesetzestexte und Formulare gehören weiterhin zum Repertoire der zentralen staatlichen Druckerei. Ebenso Bücher, die unmittelbar staatlichen Zwecken dienen. Dazu gehören Militärdienstvorschriften, Dienstanweisungen, das Reichstagshandbuch sowie die stenografischen Sitzungsberichte des Reichstags. Diese nicht geldwerten Drucke produziert die Reichsdruckerei im sogenannten Schwarzdruck.

Besondere Arbeiten ermöglichen es der Reichsdruckerei zudem, ihre technischen und künstlerischen Fähigkeiten unter Beweis zu stellen. 1908 druckt sie zum Beispiel eine Lutherbibel, an deren dekorativer Ausstattung Ludwig Sütterlin, der Erfinder der berühmten gleichnamigen Schrift, maßgeblich mitwirkt. Des Weiteren entwickelt die Reichsdruckerei neue Schriftformen und Schriften – wie »Altdeutsch«, »Psalter-Gotisch« und »Schöffer-Gotisch« – sowie ihre Hausschriften Reichsdruckerei-Grotesk und die Reichsdruckerei-Gotisch.

Darüber hinaus verfügt sie über eine eigene Setzerei für akademische Druckwerke, deren Mitarbeiter fast alle lebenden und toten Sprachen beherrschen. Zu den bedeutendsten Leistungen der Reichsdruckerei auf dem Gebiet des wissenschaftlichen Drucks gehört ein Deutsch-Chinesisches Wörterbuch. Solche Auftragswerke zeigen das Können der Mitarbeiter der Reichsdruckerei und bieten gleichzeitig eine weitere finanzielle Einnahmequelle.[17]

Machtstreben im Deutschen Kaiserreich

Mit der Reichsgründung 1871 nehmen Wirtschaft, Technik und Wissenschaften einen ungeahnten Aufschwung. In den Jahren zwischen 1870 bis 1913 wächst die deutsche Industrieproduktion auf das Fünffache. Weltweit übernimmt die deutsche Wissenschaft in zahlreichen Disziplinen eine führende Rolle. Deutsch gilt als eine der Hauptsprachen in den Natur-, Sozial- und Geisteswissenschaften. Um 1900 stammen etwa ein Drittel der physikalischen Abhandlungen und 42 Prozent der Entdeckungen weltweit aus dem Kaiserreich. Zudem gehören zehn deutsche Forscher zwischen 1901 und 1925 zu den Nobelpreisträgern für Physik.[18]

Aufgrund der Erfolge in Wirtschaft, Technik, Wissenschaft, Bildung und Kultur herrscht in Deutschland Aufbruchstimmung. Aus der wirtschaftlichen Führungsposition resultiert für viele auch ein Anspruch auf mehr politische Macht in der Welt. Ausdruck finden die überzogenen Machtvorstellungen unter anderem in der deutschen Kolonialpolitik. Ab 1884 erwirbt das Deutsche Kaiserreich mit Deutsch-Südwestafrika (heute Namibia), Togo, Kamerun, Deutsch-Ostafrika (heute

Grußkarte zum 25. Jubiläum der Reichsdruckerei im Jahr 1904.

*In der Reichsdruckerei pro-
duzierte Postwertzeichen
für die deutschen Kolonien
Deutsch-Südwestafrika
und Kamerun (um 1900).*

Tansania, Ruanda und Burundi) Kolonien in Afrika. Hinzu kommen deutsche
Schutzgebiete in der Südsee – darunter Deutsch-Neuguinea und Deutsch-Samoa –
sowie 1898 das Gebiet um die chinesische Bucht Kiautschou. Amtliche Unterlagen
sowie Briefmarken für die Kolonien werden von der Reichsdruckerei in Berlin
hergestellt.[19]

Das Streben nach Weltmacht und Prestige sowie der Erwerb von Kolonien setzen ein internationales Wettrüsten in Gang. Die Konflikte zwischen dem
Deutschen Kaiserreich auf der einen und dem Vereinigten Königreich, Frankreich sowie Russland auf der anderen Seite verschärfen sich. Nach der Ermordung
des österreichisch-ungarischen Thronfolgers in Sarajevo am 28. Juni 1914 versagen
schließlich alle Bemühungen um eine Konfliktlösung: Im August 1914 bricht der
Erste Weltkrieg aus. Er wird zu einem Desaster für das Kaiserreich, seine Politik
und seine Wirtschaft.

Geld für den Krieg

Bereits mit Kriegsbeginn setzt die Inflation ein: Hatte der Wert des in Umlauf
befindlichen Geldes vor Ausbruch des Kriegs noch knapp zwei Milliarden Mark
betragen, steigt dieser bis Ende 1914 auf über das Doppelte an. Bei Kriegsende 1918
wird er bei fast 33 Milliarden Mark liegen.[20]

Der Erste Weltkrieg wirkt sich damit unmittelbar auf die Arbeit der Reichsdruckerei aus: Innerhalb kurzer Zeit erhöhen sich die staatlichen Druckaufträge
um ein Vielfaches – insbesondere beim Geldwertdruck.[21] Um den Krieg finanzieren zu können, lässt die Reichsregierung große Mengen an Banknoten sowie
Kriegsanleihen produzieren. Hinzu kommen sogenannte Darlehenskassenscheine,
die – parallel zu Reichsbanknoten, Reichskassenscheinen, Privatbanknoten und
Notgeldscheinen – fortan gültiges Zahlungsmittel sind. Gedeckt sind die Darlehenskassenscheine durch die Beleihung von industriellen und landwirtschaftlichen
Gütern. Die Reichsdruckerei produziert sie mit dem zeitsparenden Hochdruckverfahren und liefert noch im August 1914 die ersten Scheine aus. Auch für verbün-
dete Staaten wie die Türkei und Rumänien sowie für die vom deutschen Militär
besetzten Gebiete stellt die reichseigene Druckerei Banknoten her.[22]

Die enormen Auftragsvolumina stellen das Unternehmen – sowohl betrieb-
lich als auch organisatorisch – vor große Herausforderungen. Schon bald kann es
die Aufträge nicht mehr alleine bewältigen. Seit 1916 dürfen daher auch Privatdruckereien Banknoten im Auftrag der Reichsregierung herstellen.

Einführung der Passpflicht

Weiterhin übernimmt die Reichsdruckerei während des Krieges nichtgeldwerte Druckaufträge. Dazu gehören zum Beispiel Vordrucke für Feldpostkarten, mit denen Frontsoldaten Grüße an Verwandte in die Heimat senden.[23] Zudem stellt sie im Auftrag der Reichsregierung Plakate zur Rekrutierung von Kriegsfreiwilligen her.[24] Gegen Ende des Krieges kommen vermehrt Plakate mit Durchhalteparolen hinzu.[25] Großaufträge erteilen auch Heer und Marine.

Zunehmende Bedeutung gewinnt seit Kriegsausbruch das Passwesen. Waren mit der Reichsgründung 1871 Passkarten zunächst abgeschafft worden, müssen Bürger bei der Ein- und Ausreise nun wieder ihren Pass oder ein anderes Identitätsdokument vorlegen. Mit der »Verordnung, betreffend anderweite Regelung der Passpflicht« vom 16. Dezember 1914 ist ein Lichtbild des Ausweisinhabers in den Papieren vorgeschrieben. Das Bild muss auf den Pass aufgeklebt und gestempelt sein. Die Verordnung tritt zum 1. Januar 1915 in Kraft, und der Druck der Pässe erfolgt durch die Reichsdruckerei.[26]

1918 wird nach der erzwungenen Abdankung von Kaiser Wilhelm II. am 9. November die Republik ausgerufen.

Rotationsmaschine für den Zweifarbendruck von 1913.

Darlehnskassenschein zu fünf Mark von 1917 mit der Warnung »Wer Darlehnskassenscheine nachmacht oder verfälscht oder nachgemachte oder verfälschte sich verschafft und in Verkehr bringt, wird mit Zuchthaus nicht unter zwei Jahren bestraft.«

Helfende Hände gesucht

Die Druckmaschinen laufen während des Krieges Tag und Nacht auf Hochtouren.
Um die zahlreichen Aufträge bewältigen zu können, stellt die Reichsdruckerei
neue Mitarbeiter ein. Da die meisten Männer zum Kriegsdienst einberufen sind,
werden zunehmend weibliche Hilfskräfte angeworben. Insgesamt beschäftigt die
Reichsdruckerei im Jahr 1918 etwa 7.500 Menschen – das sind mehr als doppelt so
viele wie zu Beginn des Krieges.[27]

Mit der steigenden Mitarbeiterzahl wächst der Raumbedarf. Um mehr Platz
– auch für Gerätschaften und Vorräte – zu schaffen, wird zunächst das Gebäude
an der Oranienstraße aufgestockt und unterkellert. Zusätzlich mietet die Reichsdruckerei angrenzende Liegenschaften in der Kommandantenstraße und in ent-
fernter liegenden Straßen an. Bereits im Jahr des Kriegsausbruchs hatte die Reichsdruckerei einen größeren Erweiterungsbau geplant. Aufgrund der kriegsbedingten
Rohstoffknappheit und schlechter wirtschaftlicher Verhältnisse kann dieser jedoch
erst Anfang der 1920er-Jahre fertiggestellt werden.[28]

Arbeiter kämpfen für ihre Interessen

Mit der militärischen Niederlage Deutschlands endet am 11. November 1918 der
Erste Weltkrieg. Die Leiden des Krieges und die Enttäuschung über den verlorenen
Kampf entladen sich im Deutschen Reich in Unruhen, die in der Revolution von
1918/19 münden und zur Abdankung des Kaisers sowie zur Abschaffung der Monar-
chien in den Mitgliedstaaten des Reichs führen. Im Ringen um eine neue politische
Ordnung liefern sich die politischen Gruppierungen teils erbitterte Kämpfe und
blutige Straßenschlachten. Im linken Spektrum fordern die sogenannten Spartakisten eine sozialistische Räterepublik. Ihr Ziel: Die Enteignung und Sozialisie-
rung der industriellen Betriebe sowie des größeren Grundbesitzes. Dagegen stellt
sich vor allem die damalige größte Arbeiterpartei, die SPD. Mit ihrer Idee, eine

1919 erfolgt am 28. Juni die Unterzeichnung des Versailler Vertrags und einer Vereinbarung über die militärische Besetzung der Rheinlande«.

Gegen Ende des Krieges beläuft sich die **Tages-
leistung beim Wertdruck** in der Reichsdruckerei auf 26,39 Millionen Stück.

*Banknotenpresse von 1915.
Ein Mitarbeiter der Reichsdruckerei zieht vier fertig
gedruckte Hundertmarkscheine
von der Kupferplatte ab.*

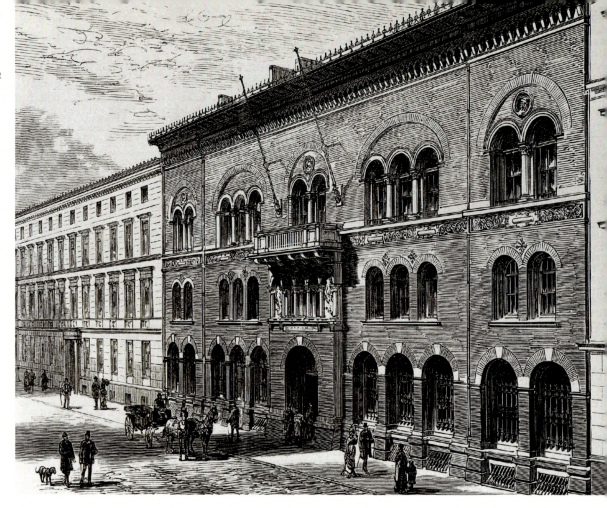

bürgerlich-parlamentarische Republik zu gründen und die Wirtschaftsverfassung weitestgehend beizubehalten, setzt sie sich schließlich durch.[29]

Im Zuge der Revolution von 1918/19 werden in vielen Betrieben Arbeiterräte etabliert. So auch in der Reichsdruckerei: Der Arbeiterausschuss, der bisher die Interessen der Arbeiterschaft vertreten hatte, löst sich am 9. November 1918 auf.[30] Bereits einen Tag später wählt die Belegschaft einen neuen Arbeiterrat. Er besteht aus sechs Mitgliedern, wobei auf je 1.000 im Betrieb beschäftigte Arbeiter ein Mitglied kommt. Vorsitzender ist Kilian Wolf. Der Arbeiterrat der Reichsdruckerei setzt sich »für die Erhaltung und den Ausbau der Arbeiterräte und des Mitbestimmungsrechts der Arbeiterschaft, für die Erhaltung des Achtstundentages und für den Aufbau der sozialistischen Republik« ein.[31] Zu den Erfolgen des Arbeiterrats gehört, dass die Löhne den wirtschaftlichen Verhältnissen angepasst werden. Zudem hat er Mitspracherecht bei der Einstellung und Kündigung von Mitarbeitern. Dabei setzt er die Entlassung solcher Personen durch, die sich in der Wilhelminischen Zeit »rigoros oder brutal gegen die Arbeiterschaft benommen hatten«.[32] Aus den Stammrollen der Reichsdruckerei, in denen Neueinstellungen und Entlassungen verzeichnet sind, geht tatsächlich eine ungewöhnlich große Anzahl von Entlassungen im November und Dezember 1918 hervor.[33] Die Wahl des Sozialisten Franz Helmberger zum neuen Direktor der Reichsdruckerei findet vor diesem Hintergrund die volle Unterstützung der Arbeiterschaft.[34]

*Die Reichsdruckerei 1888.
Gegenüber der Reichs-
druckerei – in der Oranienstraße 106–109 – hat die
Reichsschuldenverwaltung
ihren Sitz. Beide Behörden
arbeiten eng zusammen.
Die Gebäude sind
mit einem unterirdischen
Tunnel verbunden.*

1923

dürfen Autofahrer in geschlossenen Ortschaften 30 km/h statt bisher 15 km/h fahren. Da sich das Automobil zum wichtigsten Verkehrsmittel entwickelt, gehören in Groß-städten jedoch Staus zur Tagesordnung.

Anfang 1919 wird die Reichsdruckerei für drei Tage von Spartakisten besetzt, die die Arbeit im Betrieb lahmlegen.[35] Auf Verlangen der Reichsbank werden Vor-kehrungen getroffen, um im Falle eines erneuten Überfalls auf die Reichsdruckerei sämtliche Druckplatten für die Banknotenherstellung sofort vernichten zu kön-nen.[36] Drei Jahre später kommt es erneut zu Unterbrechungen im Betriebsablauf: Die Mitarbeiter treten in Streik, um für bessere Arbeitsbedingungen und höhere Löhne zu kämpfen. Aufgrund ihrer starken Arbeiterschaft gilt die Reichsdruckerei als Hochburg der SPD.[37] Die Reichsbank befürchtet weitere Arbeitsniederlegungen und erwägt die Einrichtung einer eigenen Druckerei für den Banknotendruck.[38]

Nach Ende des Ersten Weltkriegs erwarten die Verantwortlichen der Reichs-druckerei einen Rückgang der Aufträge – insbesondere beim Wertdruck. Doch die Inflation entwickelt sich zu einer Hyperinflation und der Bedarf an Papiergeld und Postwertzeichen steigt weiter. Die Reichsdruckerei schafft 170 neue Maschinen an und funktioniert die für den Buchdruck vorgesehenen Produktionsanlagen für den geldwerten Druck um. Schon bald druckt sie Banknoten mit Hilfe von Rota-tionsmaschinen auf endlosen Papierbahnen. All dies reicht jedoch nicht aus, um den Bedarf zu decken. Daher beauftragt die Regierung zusätzlich etwa 60 privat-wirtschaftliche Betriebe mit dem Wertdruck. Die Platten dafür fertigt weiterhin ausschließlich die Reichsdruckerei. Ihre Aufgabe ist es auch, den in Privatbetriebe ausgelagerten Wertdruck zu beaufsichtigen.[39]

1922 wirkt die Reichsdruckerei an der **Normierung von Papierformaten** mit. Als neue Einheitsgröße für Akten, behördliche Drucksachen und Amtsblätter setzt sich das Format DIN A4 durch.

1925 stellen die Leitz-Werke die weltweit erste Kleinbildkamera serienmäßig her: die »Leica«. Mit dem handlichen Gerät können Fotografen auf nur einer Filmspule 36 Bilder aufnehmen.

Das Papier für Banknoten und Postwertzeichen liefern mehrere externe Papierfabriken. Bei der Produktion, Lieferung und Lagerung sind sie strengen Vorgaben und Kontrollen unterworfen. Doch aufgrund von Platzmangel muss das Papier auch außerhalb des Druckereigeländes gelagert werden. Dazu mietet die Reichsdruckerei in den 1920er-Jahren zahlreiche Liegenschaften in der näheren und weiteren Umgebung an. Auch die Mitarbeiterzahl verdeutlicht den großen Anteil des Wertdrucks am gesamten Geschäft der Reichsdruckerei in diesen Jahren: Im November 1922 sind über 8.600 Kräfte in dem Bereich beschäftigt.[40]

Währungsreform 1923

Im Oktober 1923 wird die Rentenbank gegründet. Mithilfe der neuen Institution gelingt es der Reichsregierung, die Währung zu stabilisieren. Als neues Zahlungsmittel gibt sie die Rentenmark heraus. Gedruckt wird die neue Währung in der Reichsdruckerei mit Unterstützung der Leipziger Wertdruckerei Giesecke & Devrient sowie den Berliner Privatdruckereien W. Büxenstein und Dr. Selle & Co. Die ersten 150.000 Scheine zu je einer Rentenmark – datiert auf den 1. November 1923 – liefert die Reichsdruckerei im Dezember 1923 aus.

Aufgrund der gebotenen Eile stellt die Reichsdruckerei die neuen Noten zunächst im Hochdruckverfahren her. Das Ergebnis ist trotzdem von guter Qualität. Ende 1924 – nachdem die umfassenden Arbeiten für die Währungsumstellung erledigt sind – sinkt das Arbeitsaufkommen in der Reichsdruckerei abrupt. Auch der Post- und Wertzeichendruck reduziert sich wieder auf ein Normalmaß. Die Folge: Werkstätten werden zusammengelegt, abgenutzte Maschinen verschrottet und Mitarbeiter entlassen. Hatte die Reichsdruckerei im November 1922 noch mehr als 12.000 Beschäftigte, sind es genau zwei Jahre später nur noch knapp 3.900.[41]

Ein wichtiger Auftrag der Reichsdruckerei ist der Abdruck der Gemälde von **Max Liebermann**, wobei der Künstler selbst die Arbeiten prüft und abzeichnet, bevor er sie für den Druck freigibt. Die Qualität der Abdrucke ist so gut, dass es nötig wird, diese zu kennzeichnen, um sie vom Original unterscheiden zu können.

Reichsdrucke für Kunstliebhaber

Während beim Banknoten- und Postwertzeichendruck aufgrund der Inflation und der Währungsumstellung die Auftragsbücher gefüllt sind, verzeichnet der Schwarzdruck eine regelrechte Flaute. Um dem entgegenzuwirken, erlässt der Staat Richtlinien, durch welche die Reichsbehörden dazu angehalten sind, ihre Druckaufträge in erster Linie der Reichsdruckerei zu erteilen.[42]

Ein wichtiger Auftrag im Bereich des Schwarzdrucks, der in den 1920er- und 1930er-Jahren Einkünfte garantiert, ist das »Amtliche Berliner Fernsprechbuch«. 1881 als »Verzeichnis der bei der Fernsprecheinrichtung Betheiligten« erschienen, hatte es 28 Seiten und wurde mit einer Auflage von 200 Stück gedruckt. Rund 50 Jahre später erscheint das »Fernsprechbuch« mit 1.500 Seiten und einer Auflage von fast 400.000 Exemplaren.[43]

Darüber hinaus gibt die Reichsdruckerei Nachbildungen von Kupferstichen und Holzschnitten alter Meister heraus. Seit 1921 werden sie als Einzelblätter oder in Sammelmappen unter dem Titel »Reichsdrucke« vertrieben. In der Bevölkerung erfreuen sich diese großer Beliebtheit und zeugen vom künstlerischen Können der Mitarbeiter in der Reichsdruckerei.[44]

1929 feiert die Reichsdruckerei ihr 50. Jubiläum. Der offizielle Festakt findet am 4. Juli im ehemaligen Preußischen Herrenhaus zu Berlin statt. Die Mitarbeiter feiern einen Tag später in der Druckerei. Zusätzlich gewährt die Reichsdruckerei der Belegschaft am 6. Juli, dem Gründungstag, einen freien Tag.[45] Das Jubiläum findet in der Tagespresse ein reges Echo. In der »Vossischen Zeitung« heißt es etwa: »Der Reichsdruckerei wird jeder zu ihrem Halbjahrhundertjubiläum von Herzen gratulieren. Wenn alle Reichsbehörden so unumwundene, uneingeschränkte Anerkennung von allen Seiten ernten würden, hätten wir einen idealen Staat.«[46]

Anlässlich des 50. Bestehens der Reichsdruckerei gibt der hauseigene Verlag eine Festschrift heraus, für deren Produktion weder Kosten noch Mühen gescheut werden: Die Papiermacherei produziert handgeschöpftes Büttenpapier. Zudem kommen zahlreiche Druckverfahren – etwa Lichtdruck in sieben Farben oder das Edeldruckverfahren Heliogravüre – zum Einsatz, um die technischen Fertigkeiten voller Stolz präsentieren zu können.[47] ◆

»Reichsdrucke« produziert die Reichsdruckerei auch von Werken Albrecht Dürers. 1928 druckt sie zudem ein Buch über den berühmten deutschen Künstler.

Um sich mit ihrem Portfolio zu präsentieren, nimmt die Reichsdruckerei an Messen teil, wie der **Weltausstellung 1929** in Barcelona. Dort wird dem Unternehmen der »Große Preis« für Lichtdrucke der Arbeiten Menzels und Liebermanns verliehen.

1930 feiert in Berlin der weltweit erfolgreiche Spielfilm »Der Blaue Engel« mit Marlene Dietrich in der Hauptrolle Premiere.

Das 50. Jubiläum der Reichsdruckerei im Jahr 1929 wird groß gefeiert. Am Gründungstag selbst bekommt die Belegschaft frei. Die offizielle Festveranstaltung findet im ehemaligen Preußischen Herrenhaus in Berlin statt.

Sicherheitsmerkmale einer Banknote

Mitte des 19. Jahrhuderts gewinnt Papiergeld an Bedeutung. Zunächst übernehmen private Druckereien die Produktion, eine zentrale Kontrolle der gedruckten Geldmenge gibt es noch nicht. Als Folge kommt nicht nur zuviel Papiergeld in Umlauf, sondern auch Falschgeld. Daraufhin beschließt der preußische Staat, künftig nur staatseigene Druckereien Papiergeld herstellen zu lassen. Diese investieren kontinuierlich in verbesserte Materialien und Sicherheitstechniken, um den Fälschern immer einen Schritt voraus zu sein.

Kopfbildnisse
Anfang des 20. Jahrhunderts gibt es viele Fälschungsversuche mittels von Hand her-gestellter Druckvorlagen. Kopfbildnisse erweisen sich deshalb als wichtiges Sicherheits-merkmal: Schon eine minimale Abweichung im Gesichtsausdruck des Gottes Merkur oder der Göttin Ceres verrät Imitate.

Papier
Bei dem Spezialpapier für Banknoten werden farbige Pflanzenfasern, nach ihrem Erfinder Wilcox-Fasern genannt, in den Papierbrei gemischt. Da sie nur für Geldscheine und andere staatliche Wertpapiere eingesetzt werden durften, waren sie für andere Käufer nicht erhältlich und erhöhten damit den Fälschungsschutz.

Guillochen
Guillochen sind bereits im 19. Jahrhundert elementarer Bestandteil des Sicherheits-drucks. Beim Eingravieren der sich verschlungenen Linien (Sicherheitsmuster) in die Druck-platten ist höchstes handwerk-liches Geschick gefragt.

Wasserzeichen
Das Wasserzeichen zeigt ein Portrait Kaiser Wilhelms I. sowie die Ziffer 100. Es ist ein Echtheitsmerkmal, das bereits bei der Papierherstellung ein-gebracht wird.

Stempel
Eines der wichtigsten Sicherheitsmerkmale sind so genannte Stempel. Hierbei werden Motive von Staatsinsignien wie der Reichsadler in das Papier eingeprägt. Das erfordert eine komplexe Drucktechnik, die Laien nicht zur Verfügung steht.

FRÜHER

Der hier stilisierte Geldschein stammt aus dem Jahr 1910. Es handelt sich um den »blauen Hunderter«, der in der Kaiserzeit in Umlauf war.

HEUTE

Seit 2013 gibt es in Deutschland neue Euro-Banknoten mit erweiterten Sicherheitsmerkmalen. Der 5-Euro-Schein wurde als Erster im Rahmen der so genannten Euro-II-Serie produziert. Die Bundesdruckerei unterstützte mit ihrer langjährigen Expertise die Produktion der neuen Scheine im Eurosystem. Die hier stilisiert gezeigten Sicherheitsmerkmale des »neuen Fünfers« stellen lediglich eine Auswahl dar.

Fühlbares Relief
Auf der Vorderseite der neuen Banknote lässt sich am linken und rechten Rand jeweils eine Reihe kurzer erhabener Linien ertasten. Zusätzlich sind Hauptmotiv, Schrift und bei großer Wertzahl auch die Zahl selbst als Relief spürbar.

Sicherheitsfaden
Gegen das Licht betrachtet, wird der Sicherheitsfaden als dunkler Streifen erkennbar, auf dem die Wertzahl in sehr kleiner, weißer Schrift sichtbar wird. Auf dem Sicherheitsfaden des neuen 5-Euro-Scheins erscheint zusätzlich das €-Symbol, während in der bisherigen Serie das Wort »EURO« erscheint.

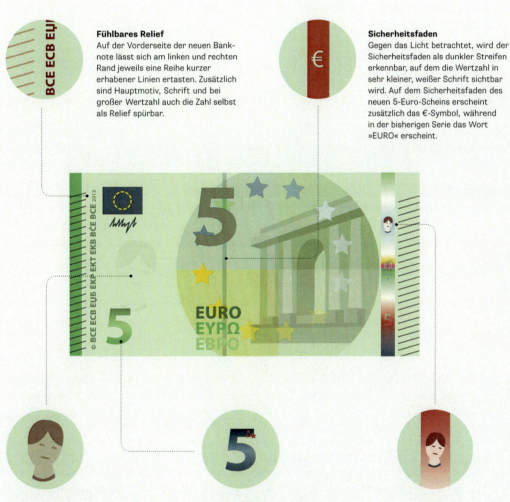

Wasserzeichen
Auch heute sind Wasserzeichen - in weiterentwickelter Form – wichtige Sicherheitsmerkmale. Auf dem neuen 5-Euro-Schein ist ein Porträt der mythologischen Gestalt Europa sichtbar.

Smaragd-Zahl
Dieses Sicherheitsmerkmal wurde mit der Euro-II-Serie neu eingeführt. Kippt man die Banknote, sieht man auf der Vorderseite links unten eine glänzende Zahl, auf der sich ein Lichtbalken auf und ab bewegt. Außerdem verändert die Zahl ihre Farbe von Smaragdgrün zu Tiefblau.

Hologramm
Beim Kippen der Banknote zeigt der silberne Streifen im rechten Teil der Vorderseite die Wertzahl und das €-Symbol. Der Streifen auf dem neuen Geldschein enthält zusätzlich ein Porträt von Europa und ein Fenster.

Kapitel 3

Zeit des Nationalsozialismus

1933 bis 1945

1933

Hitler kommt an die Macht

Im November 1932 erreicht die NSDAP bei den Reichstagswahlen 33,1 Prozent der abgegebenen Stimmen. Nach langen Verhandlungen ernennt Reichspräsident Paul von Hindenburg am 30. Januar 1933 Adolf Hitler zum Reichskanzler. In den folgenden Monaten verwandeln die Nationalsozialisten Deutschland in einen autoritären »Führerstaat« und richten das gesamte gesellschaftliche, wirtschaftliche und politische Leben systematisch an der nationalsozialistischen Ideologie aus.

Die systematische Anpassung aller Landesregierungen, Behörden, Institutionen, Verbände und Vereine an die politisch-ideologischen Ziele der Nationalsozialisten – die sogenannte »Gleichschaltung« – erfasst auch früh die Reichsdruckerei. Politisch verdächtige Mitarbeiter der Reichsdruckerei werden entlassen oder in den Ruhestand versetzt, zugleich werden linientreue Personen eingestellt. Über den beruflichen Aufstieg entscheiden fortan Parteizugehörigkeit und politische Einstellung. Zahlreiche neue Dienstanweisungen, die das nationalsozialistische Machtsystem sichern und ausbauen, verändern die Atmosphäre in der Belegschaft grundlegend. So wird zum Beispiel statt von Direktor und Belegschaft nun von »Führer« und »Gefolgschaft« des Betriebes gesprochen. Das Tragen von NS-Abzeichen im Dienst ist erlaubt, ebenso der Aushang von nationalsozialistischem Propagandamaterial.[1]

Unmittelbar nach der »Machtergreifung« schalten die Nationalsozialisten in allen staatlichen Einrichtungen die verschiedenen Gremien der Personalvertretung aus. Deren Aufgaben übernehmen fortan die NS-Betriebszellenorganisation und neu geschaffene Gremien. Eine frei gewählte Mitarbeitervertretung existiert nicht mehr.[2]

Mitarbeiterpolitik im »Dritten Reich«

Grundlage für die politisch motivierten Entlassungen sowie Versetzungen in den Ruhestand bildet das »Gesetz zur Wiederherstellung des Berufsbeamtentums«, kurz: Berufsbeamtengesetz, vom 7. April 1933. Mitglieder von KPD und SPD, von Gewerkschaften und Betriebsrat sowie von linksgerichteten Arbeiter-Sportvereinen sind beispielsweise betroffen. In den Stammrollen der Reichsdruckerei ist 1933 das Berufsbeamtengesetz besonders häufig als Grund für Entlassungen angegeben. Otto Günther, Technischer Obersekretär in der Rechnungsstelle und – nach Karteikarten, die in der Reichsdruckerei für Entlassungen geführt werden – seit Anfang 1919 bis Mitte Februar 1933 SPD-Mitglied, muss am 31. Juli 1933 seinen Arbeitsplatz verlassen, weil er Reichskanzler Hitler beleidigt habe und seit 1919 als »eifriger Marxist« gilt.[3] Mit hoher Wahrscheinlichkeit gehören zu den 1933 entlassenen Mitarbeitern der Reichsdruckerei auch Menschen jüdischer Herkunft. Paragraph 3 des Berufsbeamtengesetzes – der sogenannte »Arierparagraph« – ordnet ihre Entlassung an. Die genaue Zahl ist jedoch unbekannt.[4] Die Gesamtzahl aller politisch motivierten Entlassungen zu Beginn der NS-Zeit ist ebenfalls nicht bekannt. Belegt ist nur, dass zwischen März 1933 und März 1934 dreihundert Mitarbeiter neu eingestellt werden. Dabei handelt es sich vorzugsweise um Mitglieder der NSDAP, SA und SS sowie Frontkämpfer des Ersten Weltkriegs.[5]

Besonders überprüft werden die Mitarbeiter, die an der Herstellung geheimer Drucksachen für die Reichswehr und später die Wehrmacht beteiligt sind. Voraussetzung für die Arbeit in der Sonderabteilung ist, dass die Bewerber nicht unter das »Gesetz zur Wiederherstellung des Berufsbeamtentums« fallen.[6] Eine Anfrage an die Geheime Staatspolizei hinsichtlich der politischen und spionagepolizeilichen Unbedenklichkeit mehrerer Beschäftigter im Jahre 1935 ergibt, dass neun Mitarbeiter der Staatspolizei bekannt sind.[7] Vier von ihnen untersagt die Direktion der Reichsdruckerei eine Beschäftigung mit Geheimarbeiten.[8] Die Genannten sollen ehemalige Mitglieder der Kommunistischen Partei (KPD) bzw. des Roten Frontkämpferbundes sein. Gegen einen von ihnen läuft ein Verfahren »wegen Vorbereitung zum Hochverrat« sowie »Verbrechens gegen das Gesetz gegen die Neubildung von Parteien«. Ein weiterer soll an Straßenkämpfen gegen die SA beteiligt gewesen sein. Die anderen fünf sind durch Beleidigungen sowie Beteiligungen an Straßenschlachten auffällig und polizeilich bekannt geworden, haben allerdings politisch rechtsgerichtete Positionen vertreten. Die Direktion der Reichsdruckerei stuft sie deshalb als unbedenklich ein und zieht sie weiterhin zu Geheimarbeiten heran.[9]

1933 — setzen die Reichstagsbrandverordnung vom 28. Februar sowie das Ermächtigungsgesetz vom 23. März innerhalb von zwei Monaten fast alle Grundrechte sowie die Weimarer Verfassung außer Kraft. Der Reichstag verliert seine Kontrollfunktion.

Im Archiv der Bundesdruckerei sind die Personalstammrollen der Reichsdruckerei aufbewahrt. Mit ihrer Hilfe lassen sich vereinzelt Karrieren nachzeichnen. So scheint beispielsweise der technische Inspektor **Wilhelm B.** linientreu gewesen zu sein: Er wird zwischen 1933 und 1936 viermal befördert und leitet seit dem 1. September 1938 die hauseigene Druckerei des Reichsluftfahrtministeriums.

Direktor Helmberger und die Druckfehleraffäre

Die Belegschaft der Reichsdruckerei sympathisiert überwiegend mit der SPD und KPD. Der Machtwechsel ruft bei vielen Mitarbeitern Ablehnung und Widerstand hervor.[10] Es kommt vereinzelt zur Sabotage von amtlichen Druckaufträgen – etwa durch absichtliche Druckfehler. Im Reichsgesetzblatt vom 15. Februar 1933 ist beispielsweise der Name des neuen Reichskanzlers falsch geschrieben. Hier steht »Adof Hitler«.[11] Zur Strafe werden der Setzer und der Korrektor versetzt. Zudem muss der Korrektor die Kosten für die Neuauflage tragen.[12] Ein weiterer Fehler an anderer Stelle, nämlich ein »Reichskanzler a. D.« hinter Hitlers Namen, wird noch rechtzeitig vor der endgültigen Drucklegung korrigiert.[13]

Direktor Franz Helmberger, der der SPD nahe steht, muss die Fehler auf höchster Ebene verantworten. Er erhält jedoch Unterstützung durch Reichspostminister Paul Freiherr von Eltz-Rübenach. Dieser erklärt den Druckfehler, der weder dem verantwortlichen Korrektor in der Reichsdruckerei noch beim Korrekturlesen im Reichsministerium des Innern aufgefallen sei, als einen »rein technischen Betriebsfehler«. Er hebt die vorzüglichen Leistungen Helmbergers hervor und verteidigt dessen Führungsstil.[14]

Doch die von nationalsozialistischen Mitarbeitern der Reichsdruckerei im Reichspostministerium vorgebrachten Anklagen wiegen schwer.[15] Unter anderem werfen sie dem Direktor der Reichsdruckerei vor, nichts gegen die Verteilung von Flugblättern zu unternehmen, in denen zum Widerstand gegen die Regierung aufgerufen wird.[16] Helmbergers Personalpolitik habe dazu geführt, »daß 90% des Personals in der Reichsdruckerei Marxisten sind«.[17] Es sei unverständlich, dass ein Betrieb, der für Reichsbehörden geheime Sachen drucke, weiterhin von einem sozialdemokratischen Direktor geleitet werde. Die Vorwürfe bewegen den Reichspostminister schließlich dazu, Helmberger zum Rücktritt aufzufordern.[18] Dieser kommt der Aufforderung nicht nach, im Juni 1933 aber wird er auf Grundlage des Berufsbeamtengesetzes wegen seiner politischen Einstellung entlassen.[19] Ein »national unbedingt zuverlässiger«[20] Nachfolger wird in Hans Hensel gefunden. Dieser übernimmt zunächst kommissarisch die Leitung der Reichsdruckerei, am 15. August 1933 wird er Direktor.[21] Am 31. Oktober 1941 tritt Hans Hensel aus gesundheitlichen Gründen in den Ruhestand.[22] Bis Kriegsende ist Hans-Ulrich Möller Direktor der Reichsdruckerei.[23]

1933 organisieren die Nationalsozialisten am 1. April einen Boykott von Geschäften, die von Bürgern jüdischer Herkunft geführt werden.

Sozialdemokratische Belegschaft

Die angestrebte politische Säuberung gelingt in der Reichsdruckerei nicht vollständig: Viele sozialdemokratisch orientierte Mitarbeiter bleiben weiterhin angestellt. Für die Arbeit in der Reichsdruckerei sind spezielle Fachkenntnisse erforderlich, daher kann nicht jeder unliebsame Mitarbeiter problemlos ersetzt werden. So erfährt eine Mitarbeiterin zu Beginn ihrer Beschäftigung von Kollegen: »Wenn alle, die gegen die Regierung eingestellt sind, entlassen werden müssten, dann müsste das ganze Personal der Druckerei entlassen werden.«[24]

Briefmarkenrunddruck
Stahlstich (um 1938)

STAHLSTICH

Aus dem Kupferdruck entwickelt sich das grafische Tiefdruckverfahren des Stahlstichs. Die Druckform besteht aus einer Stahlplatte, der Matrize. Das Druckmotiv graviert der Stahlstecher entweder manuell oder mittels chemischer Verfahren in die Stahlplatte. Eine sogenannte Patrize mit dem Druckmotiv in erhabener Form dient der Stahlplatte als Gegenstück. Die Patrize ist aus Pappe und fügt sich daher passgenau in die Gravur der Matrize ein. Nachdem er die Matrize mit Farbe eingestrichen hat, legt der Stahlstecher Papier zwischen Patrize und Matrize. Beim Drucken zieht das Papier die Farbe aus der Form, die Vertiefungen aus der Stahlmatrize übertragen sich auf das Papier, wodurch das Motiv eine leicht reliefartige Struktur erhält.

LICHTDRUCK

1855 erfindet der Franzose Louis-Alphonse Poitevin den Lichtdruck, der 1868 von dem deutschen Fotografen Joseph Albert weiter verbessert wird. Der Lichtdruck ist ein fotomechanisches Flachdruckverfahren, bei dem Halb- und Zwischentöne ohne ein Raster originalgetreu wiedergegeben werden können. Zur Herstellung der Druckform wird eine lichtempfindliche Emulsion (Chromatgelatine) auf eine matt geätzte Spiegelglasplatte aufgetragen. Diese Glasplatte wird mit einem seitenverkehrten Halbton-Negativ des Originals belichtet. Durch den Belichtungsprozess entsteht auf ihr ein Positiv. Danach wird die Platte in 5 bis 10°C kaltes Wasser getaucht, wodurch die Chromate ausgewaschen werden. So wird eine weitere Belichtung verhindert. Dabei bildet sich das charakteristische »Runzelkorn«, an dem fertige Lichtdrucke bei starker Vergrößerung unverkennbar zu identifizieren sind.

Lichtdruck in der Reichsdruckerei (um 1938)

Die Druckereileitung lässt eine lange Liste von politisch Aktiven erstellen: Fast alle verzeichneten Mitarbeiter werden darin als politisch »links« beschrieben.[25] Einige von ihnen sollen sich regelmäßig im Kellersystem der Druckerei getroffen haben, um im Verborgenen über die politische Lage frei reden zu können.[26] Wer nicht linientreu ist, sieht sich ständigen Repressalien ausgesetzt. Otto Richter etwa, der seit 1938 in der Wertdruckabteilung in leitender Funktion arbeitet, wird wegen seiner NS-kritischen Haltung eine Beförderung vom Technischen Inspektor zum Oberinspektor verweigert.[27]

Noch bis 1935 empfinden die Nationalsozialisten die politische Gesinnung der Belegschaft als unbefriedigend.[28] Beispielsweise muss Direktor Hensel seine Mitarbeiter immer wieder dazu anhalten, den »deutschen Gruß« zu verwenden.[29] 1935 wird sogar ein Mitarbeiter entlassen, weil er den Gruß standhaft verweigert.[30] Der Widerstand zahlreicher Angestellter und Arbeiter gegen das nationalsozialistische Regime zeigt sich auch darin, dass NSDAP-Parteigenossen bei ihren Kollegen immer wieder auf Ablehnung stoßen.[31] Sechs Jahre nach der »Machtergreifung« beschwert sich deshalb die Beschäftigte Martha Richter bei der Reichskanzlei über »unhaltbare Zustände politischer und sonstiger Art«.[32] Daraufhin wird 1939 eine

1935 verschärft sich mit den sogenannten Nürnberger Gesetzen der antijüdische Kurs in Deutschland. Im selben Jahr führt eine Volksabstimmung dazu, dass das Saargebiet wieder an Deutschland angegliedert wird.

1936

legt Adolf Hitler seinen Vierjahresplan vor, der das Reich bis 1940 wirtschaftlich autark und kriegsfähig machen soll, um die Expansion voranzutreiben.

In der Reichsdruckerei hergestellter Kalender von 1935. Die National-sozialisten verwenden hier auch die alt-deutschen Bezeichnungen für die Monate.

Untersuchung zur politischen Gesinnung des Personals eingeleitet.[33] Doch – so das Fazit der Untersuchung – von einer staatsfeindlichen Gesinnung könne zum Zeitpunkt der Untersuchung keine Rede sein.[34]

Staatsaufträge: Von Propagandamaterial bis Lagergeld

Ab 1933 wachsen Umsatz, Druckvolumen und Mitarbeiterzahl der Reichsdrucke-rei kontinuierlich. Auch die erwirtschafteten Überschüsse sind beträchtlich: Sie steigen von 2,9 Millionen Reichsmark 1933 auf 10,6 Millionen Reichsmark 1935 an. Grund für das hohe Druckaufkommen sind unter anderem vermehrte Aufträge vom Reichswehrministerium, Reichsluftfahrtministerium und ande-ren militärischen Dienststellen.[35] Weitere Auftraggeber sind Partei-Organisa-tionen wie die NS-Volkswohlfahrt.[36] Später betont die Reichsdruckerei, dass »Abteilung II« auch verschiedenste Druckarbeiten für die Präsidialkanzlei des Führers und Reichskanzlers, die Kanzlei des Führers der NSDAP, die Reichskanzlei und für die Reichsführung der Schutzstaffel der NSDAP erledigt.[37]

Die NSDAP-Aufträge sind keineswegs selbstverständlich. In den Jahrzehnten zuvor hat keine der Regierungsparteien die Druckerei in hohem Maße genutzt. Zudem verfügt die NSDAP über einen eigenen Verlag samt Druckerei: den Franz Eher Verlag in München. Vor dem Hintergrund der nationalsozialistischen Ideo-logie vom Einparteienstaat ist die enge Beziehung zwischen Partei und Reichs-druckerei jedoch nachvollziehbar. Die Nationalsozialisten verstehen Staat und Partei als eine Einheit, sodass die Partei auch auf staatliche Strukturen und Ein-richtungen zurückgreift.

Tausend Reichsmark, Banknote von 1936.

Charakteristisch für den NS-Staat sind ein großes Maß an Kontrolle, Verwaltung und Reglementierung. Daraus resultiert ein höherer Bedarf an Informationsschriften, Gesetzestexten und Formularen, mit deren Herstellung die Reichsdruckerei beauftragt ist. Hinzu kommen zahlreiche externe Aufträge. Zu den Kunden gehören 1933 etwa die Allgemeine Ortskrankenkasse Hamburg, das Bayerische Hauptmünzamt, die Berliner Verkehrs AG, die Verkehrs Kreditbank AG und die General-Lotterie-Direktion.[38]

Zu den außergewöhnlichen Staatsaufträgen zählt 1933/34 die Herstellung von Lagergeld für das Konzentrationslager Oranienburg.[39] Der Grafiker Willi Lippert aus Rathenow, selbst Häftling in Oranienburg, entwirft die Lagergeldscheine; die Reichsdruckerei stellt sie her.[40]

Die Kennkarte

Ab 1937 ist die Reichsdruckerei in die Kriegsvorbereitungen eingebunden: mit dem Druck von **Ausweiskarten für Lebensmittel.** Bis Kriegsbeginn verwahren die Kommunalverwaltungen die Ausweiskarten unter strenger Geheimhaltung in ihren Tresoren.

Bislang gibt es im Deutschen Reich keinen allgemeinen Inlandsausweis. Das ändert sich am 22. Juli 1938 mit der »Verordnung über Kennkarten«. Alle deutschen Staatsbürger ab 15 Jahren können die Kennkarte, die als allgemeiner polizeilicher Inlandsausweis gilt, beantragen.[41] Bereits einen Tag später, am 23. Juli, wird der Besitz der Karte für bestimmte Bevölkerungsgruppen verpflichtend. So für alle männlichen deutschen Staatsangehörigen ab 17 Jahren, da sie auch zur Wehrerfassung dient.[42] Weiterhin für alle deutschen Staatsangehörigen jüdischer Herkunft.[43] Sie sind verpflichtet, das Ausweisdokument bis zum 31. Dezember 1938 zu beantragen und dabei auf ihre jüdische Identität hinzuweisen; für Neugeborene gilt eine Frist von drei Monaten.[44] Jüdische Bürger müssen sich jederzeit durch die Kennkarte ausweisen können, wenn dies von amtlicher Seite verlangt wird, etwa bei Antragstellungen in Behörden.[45] Ebenso wird die Kennkarte ab dem 1.Januar 1939 Pflicht für die Ausstellung von Pässen im kleinen Grenzverkehr. Damit benötigen alle Personen, die in Grenzgebieten leben und deren Arbeitsstelle jenseits der Grenze liegt, für die tägliche Ein- und Ausreise die Kennkarte.[46]

Die Kennkarten werden in doppelter Ausfertigung hergestellt. Das Original besteht aus Leinenpapier, das Duplikat aus festem Karton. Letzteres behält die ausstellende Behörde.[47] Die Kennkarte ist mit einem Lichtbild versehen, das an zwei Ecken von der Ausstellungsbehörde gestempelt ist. Außerdem dient ein Abdruck des Zeigefingers als Identifizierungsmerkmal. Auf einem Teil der Karten ist die Reichsdruckerei als Druckort angegeben, entweder als Wort ausgeschrieben[48] oder an einem Adler-Symbol erkennbar.[49] Außerdem sind ein Reichsadler mit Hakenkreuz und die Worte »Deutsches Reich« und »Kennkarte« aufgedruckt.[50] Die Vordrucke für Juden sind mit einem großen »J« gekennzeichnet.[51] Wegen ihrer »besonderen Gestaltung« und der Anfertigung von Dubletten gelten die Ausweise als fälschungssicher und schwer austauschbar.[52]

Mit Kriegsbeginn 1939 kommt es zu einer Verschärfung der »Verordnung über den Paß- und Sichtvermerkszwang sowie über den Ausweiszwang«: Fortan herrscht Ausweispflicht für alle Deutschen ab 15 Jahren.[53]

Erweiterung durch Umbauten und Aufstockung

In den 1930er-Jahren herrscht in der Reichsdruckerei Platzmangel. Die Räume sind überfüllt und teilweise als Arbeitsstätten ungeeignet: Maschinen sind über mehrere Werksgebäude und verschiedene Stockwerke verteilt. Das macht Arbeitsgänge kompliziert und führt zu Transport- und Sicherheitsproblemen. Darum wird eine Erweiterung bzw. ein Neubau an anderer Stelle diskutiert.[54]

Bei den Überlegungen zu einem Ausbau des bestehenden Geländes wird Anfang 1939 der Erwerb mehrerer angrenzender Grundstücke durch die Reichsdruckerei in Betracht gezogen. Dabei handelt es sich unter anderem um die Grundstücke Kommandantenstraße 17 und 20/21 sowie Lindenstraße 48–50.[55] Die Besitzer der Grundstücke auf der Kommandantenstraße sind Deutsche jüdischer Her-

1937 entwickelt der Bauingenieur Konrad Zuse den ersten programmierbaren Rechner. Damit legt er den Grundstein für die Computertechnik.

Mit gefälschten Kennkarten rettet der junge jüdische Grafiker **Cioma Schönhaus** untergetauchten Juden das Leben. Dazu ersetzt er Passbilder und zeichnet Stempel nach. Einige Gläubige der regimekritischen Bekennenden Kirche spenden ihre Ausweise im Opferstock, um diese dann fälschen zu lassen. Schönhaus gelingt 1943 die Flucht in die Schweiz.

Kennkarten von Johanna Wolkenstein von 1945 und von Julius Frohmann aus dem Jahr 1938.

kunft. Auf dem Areal Lindenstraße 48–50 befindet sich eine Synagoge, die seit dem Novemberpogrom 1938 nicht mehr genutzt wird.[56] Zum Erwerb der Grundstücke kommt es jedoch nicht, da der Reichspostminister hierzu keine Entscheidung trifft. Alle Neubauplanungen werden während des Zweiten Weltkriegs ad acta gelegt.[57] Zu den angestammten Grundstücken Oranienstraße 90–94, Alte Jakobstraße 106–116 und Kommandantenstraße 7–14, 16 und 18 kommen keine weiteren hinzu. Das Areal bleibt mit rund 42.000 Quadratmetern genauso groß wie 1933.[58] Die Betriebsfläche wird jedoch durch Umbaumaßnahmen und Aufstockungen bestehender Gebäude zwischen 1935 und 1941 um 5.500 Quadratmeter auf etwa 82.500 Quadratmeter erweitert.[59]

Arbeitskräftemangel im Krieg

Mit dem Überfall der deutschen Wehrmacht auf Polen am 1. September 1939 bricht der Zweite Weltkrieg aus. Er hat weitreichende Konsequenzen auf die Organisation der Reichsverwaltung auf allen Ebenen. Parallel zur militärischen Mobilmachung konzentrieren sich alle behördlichen, wirtschaftlichen und gesellschaftlichen Kräfte auf den Krieg. Sowohl der zivile als auch der militärische Verwaltungsaufwand steigen. Für die Reichsdruckerei erhöhen sich die Druckleistungen im Schwarzdruck, also im nicht-geldwerten Bereich. Zudem steigt – wie im Ersten Weltkrieg – der Geldbedarf. Die Reichsdruckerei übernimmt die Produktion von Geldscheinen für das Deutsche Reich sowie für die besetzten Gebiete. In Polen etwa organisiert sie die Abwicklung der Produktion, Druckort ist Warschau.[60] Dort arbeiten

1938 erfolgt der »Anschluss« Österreichs an das Deutsche Reich. Das Sudetengebiet annektieren die deutschen ebenfalls.

Die Mitarbeiter der Reichs-druckerei im hauseigenen Kasinogarten (1938).

Mitarbeiter der Reichsdruckerei Berlin, nachdem die polnische Staatsdruckerei unter deutsche Aufsicht gestellt worden war.[61] Ein weiterer Auftrag kommt von der Post- und Telegraphenverwaltung in Danzig, die seit 1939 zum Reichsgebiet gehört: Sie bestellt Postfreimarken in Bögen zu 50 Stück.[62] Darüber hinaus produziert die Reichsdruckerei im Auftrag des Oberkommandos der Wehrmacht mit Beginn des Krieges auch Lagergeld für Kriegsgefangenenlager.[63]

Die steigende Anzahl der Aufträge erfordert mehr Personal in der Reichsdruckerei, daher nimmt die Zahl der Mitarbeiter in den ersten Kriegsmonaten immer weiter zu. Ende 1938 beschäftigt die Druckerei etwas mehr als 5.800 Mitarbeiter.[64] Im April 1940 sind es bereits rund 6.700 Arbeitskräfte.[65] Die Zahl der Einberufungen zur Wehrmacht unter den Angestellten hält sich zunächst in Grenzen. Ende 1939 sind lediglich 200 Mitarbeiter betroffen.[66] Mit Fortschreiten des Krieges ändert sich dies: Im letzten Kriegsjahr sind etwa 950 Mitarbeiter der Reichsdruckerei bei der Wehrmacht. Vor diesem Hintergrund stuft die Direktion den Wegfall von 167 Arbeitskräften, die innerhalb eines halben Jahres in Ruhestand treten, als bedenklich ein.[67] Um einen Ausgleich zu schaffen, wird die wöchentliche Arbeitszeit ab Mitte 1941 von 48 auf 51 Stunden erhöht. Ein Jahr später, im Mai 1942, beträgt sie mindestens 56 Stunden. Zusätzlich werden Überstunden geleistet.[68] Außerdem stellt die Reichsdruckerei verstärkt Frauen ein, die nach einer kurzen Ausbildung das männliche Personal ersetzen sollen.[69]

Es gibt keinen Beleg dafür, dass die Reichsdruckerei Zwangsarbeiter einsetzte.[70] Vermutlich schlossen die hohen Sicherheitsanforderungen bzw. die Angst vor Sabotage und Spionage den Einsatz in der Druckerei aus. Zwangsarbeiter beschäftigt allerdings die Graphische Kunstanstalt Albert Frisch,[71] die zu den privaten Hilfsdruckereien der Reichsdruckerei gehört.[72] Für die Aufstellung von Maschinen in der als Ausweichbetrieb vorgesehenen Papierfabrik Spechthausen fordert die Reichsdruckerei Kriegsgefangene an. Dies wird von den zuständigen Stellen jedoch nicht genehmigt.[73]

Aufgrund ihrer wichtigen Stellung in der Reichsverwaltung gelingt es der Reichsdruckerei, den Kernbestand ihrer Belegschaft zu halten: Fehlende Kräfte können ersetzt und Aufträge, die die Kapazitäten übersteigen, an andere Druckereien abgegeben werden.

Banknotendruck in der Reichsdruckerei (1938).

Für die **Volkszählung 1939** fertigt die Reichsdruckerei 20 Sorten Formblätter in Millionenauflage. Das Ergebnis der statistischen Erfassung: Im Deutschen Reich und Österreich leben 79.375.281 Bürger, 51,17 % davon sind Frauen. 3 Männer und 13 Frauen sind über 100 Jahre alt.

Vorbereitungen für den Ernstfall

Berlin wird ab Januar 1943 zum wichtigen Ziel des Bombenkriegs der Alliierten. Wegen der drohenden Gefahren trifft die Reichsdruckerei bereits ab Oktober 1942 Vorsorgemaßnahmen zum Schutz des Betriebs:[74] Maschinen, Geräte und Werkzeuge werden, soweit es möglich ist, aus gefährdeten Bereichen entfernt und in sicherere Räume verlegt. Wichtige Dokumente aus der Buchhaltung und Personalverwaltung vervielfältigt die Reichsdruckerei und bewahrt sie künftig an mehreren Orten parallel auf. Das Hauptplanungsamt der Stadt Berlin stellt der Reichs-

*Linotypesetzerei in der
Reichsdruckerei (1938).*

90 Angehörige der Reichs-
druckerei werden 1941 für
die **Verleihung von Kriegs-
verdienstauszeichnungen**
vorgeschlagen – darunter
der Direktor sowie Aushilfs-
angestellte. Gelobt werden
die Mitarbeiter für ihre
Leistungen bei der Bewälti-
gung kriegswichtiger und
geheimer Aufträge für die
Wehrmacht und im Bank-
notendruck. Hinzu kommt
die erfolgreiche Bewälti-
gung des Personalmangels.

druckerei vier Kinos zur Verfügung, in denen sich im Notfall Sachbearbeiter und Verwaltungsangestellte einrichten können. Sie sind Anlaufstelle für die Mitarbeiter und erledigen alle Personalangelegenheiten.[75] Vorsorglich werden deshalb Kopien der Lohnlisten und andere wichtige Unterlagen dort bereitgehalten.

Zusätzlich prüft die Reichsdruckerei, inwieweit Einrichtungen und Räume der Staatsdruckerei Wien als Ausweichquartier zur Verfügung stehen.[76] Hierfür klärt sie, ob die Beschaffung zusätzlicher Maschinen erforderlich ist und wo die Beschäftigten untergebracht werden können.

Die Aufsicht über die Maßnahmen zur Produktionssicherung im Falle einer Zerstörung führt der Reichsminister für Bewaffnung und Munition Albert Speer.[77] Er verantwortet auch die Durchführung von Schutzmaßnahmen gegen feindliche Angriffe sowie die Aufrechterhaltung der Produktion während der Kampfhandlungen.

Für den Fall einer Zerstörung durch Fliegerangriffe belegt die Reichsdruckerei im August 1943 auch in der Papierfabrik Spechthausen bei Eberswalde Arbeits- und Beherbergungsräume.[78] Damit soll im Ernstfall der Banknotendruck sichergestellt werden. Als weitere Sicherheitsmaßnahme werden die Druckplatten aller Reichsbanknoten im Tresor der Reichsbank hinterlegt.[79] So können im Notfall auch Privatdruckereien Banknoten im Buchdruckverfahren herstellen – vorausgesetzt, sie verfügen über genügend leistungsstarke Maschinen. Im März 1945 drucken sieben private Firmen Reichsbanknoten und Rentenbankscheine, teilweise mit Unterstützung durch Mitarbeiter der Reichsdruckerei.[80] Auch die Druckerei der Reichsbank in Wien beteiligt sich an der Herstellung von Reichsbanknoten. Es wird überlegt, deren Leistungsfähigkeit im Notfall durch die Zuweisung von Personal aus Berlin zu steigern.[81]

Um das Reichsgesetzblatt und kriegswichtige Drucksachen für die Wehrmacht herstellen zu können, werden das Werk der Vereinigten Bautzener Papierfabriken in Obergurig und die Papierfabrik Hugo Hoesch in Königstein ebenfalls mit Spezialmaschinen der Reichsdruckerei ausgestattet.[82] In der Papierfabrik Hoesch stehen bereits Druckmaschinen für die Produktion von Postwertzeichen.[83]

Schwierigkeiten bereitet es der Reichsdruckerei, Rohstoffe in ausreichenden Mengen zu beschaffen. Die Papierlieferungen für den Banknotendruck durch die Papierfabriken in Spechthausen, Königstein, Witzenhausen und Zerkall reichen in den Jahren 1942 und 1943 noch aus.[84] Für den Schwarzdruck wird der Reichsdruckerei eine Sonderpapiermenge zugeteilt, die jedoch zunehmend gekürzt wird. Da die Produktion weitaus mehr Material erfordert als kontingentiert ist, drängt die Direktion der Reichsdruckerei Anfang November 1943 darauf, die Kürzungen aufzuheben.[85] Das Finanz- und das Innenministerium setzen sich daraufhin beim Wirtschaftsministerium für die Reichsdruckerei ein. Mit Erfolg: Die Kürzung der Papiermenge wird aufgehoben.[86]

Wegen des allgemeinen Mangels an Antimon und Blei fordert der Reichspostminister die Reichsdruckerei sowie die Staatsdruckerei Wien im Juli 1944 dazu auf, entbehrliche Schriftmetalle zu melden.[87] Von Oktober 1944 bis Januar 1945 muss die Reichsdruckerei schließlich 176.000 kg Metall für die Waffenproduktion abliefern.[88] Zu einer Beeinträchtigung der Arbeit scheint dies jedoch nicht geführt zu haben. Wegen ausbleibender Kohlelieferungen kann die Reichsdruckerei im Januar 1945 allerdings nur noch an vier Tagen in der Woche produzieren.[89]

Am **28. Februar 1943** werden in der Staatsdruckerei Warschau zwei Mitarbeiter erschossen, die von der Reichsdruckerei dorthin entsendet waren. Ein weiterer Mitarbeiter aus Berlin, ein Technischer Inspektor, kommt dort am 2. August 1944 ums Leben, als die Druckerei während des Warschauer Aufstandes eine wichtige Stellung des polnischen Widerstands wird.

Die Setzerei für ostasiatische Sprachen im Jahr 1938.

1941

weitet sich durch den Kriegseintritt der USA und den deutschen Angriff auf die Sowjetunion der bisher auf Europa begrenzte Krieg zum Weltkrieg aus. Bis Kriegsende führen 51 Staaten mit dem Deutschen Reich Krieg.

1944 landen die Alliierten im Juni in der Normandie. Als erste deutsche Großstadt besetzen amerikanische Soldaten am 21. Oktober Aachen.

Im KZ Sachsenhausen bei Berlin beginnt 1943 die geheime »Operation Bernhard«. Dabei werden Häftlinge gezwungen, Falschgeld britischer Währung herzustellen. Es liegen jedoch keine Hinweise auf eine Beteiligung der Reichsdruckerei vor. Die Geschichte wird 2007 unter dem Namen »Die Fälscher« von Stefan Ruzowitzky verfilmt.

Luftangriffe auf Berlin

Erste Bombenabwürfe im April 1941 und weitere 1943 beschädigen zwar die Gebäude der Reichsdruckerei, haben aber nur geringe Auswirkungen auf den Betriebsablauf.[90] Ein Luftangriff im Mai 1944 unterbricht zeitweilig die Telefonverbindung, hat aber keine schwerwiegenderen Folgen.[91] Dies ändert sich im Sommer 1944: Am 21. Juni geraten sämtliche Papiervorräte in den Höfen in Brand. Ein Angriff am 7. Juli beschädigt die Gebäude so schwer, dass der Betrieb für einige Wochen stillsteht. Den Druck von Rentenbankscheinen übernehmen vorübergehend die Firmen Otto Elsner KG und Albert Frisch in Berlin – unter Aufsicht von Mitarbeitern der Reichsdruckerei.

Schwere Folgen hat der große Luftangriff der Alliierten auf Berlin am Vormittag des 3. Februar 1945. Die Reichsdruckerei liegt im Zentrum der Bombenabwürfe: Verwaltungsgebäude werden zerstört, Betriebseinrichtungen, Akten, Rohstoffe und Produkte gehen verloren. Es gibt zahlreiche Tote.[92]

In den letzten Kriegstagen Ende April 1945 ist das Gelände der Reichsdruckerei Schauplatz heftiger Kämpfe. Es entstehen weitere Schäden an Gebäuden und Betriebsmitteln. Zudem werden (halb)fertige Produkte vernichtet. Als die Kampfhandlungen in Berlin beendet sind, kommt es in der ersten Maiwoche zu Diebstahl und Plünderungen auf dem ungesicherten Grundstück. Am Ende liegt die Reichsdruckerei in Trümmern. Schätzungen zufolge sind Gebäude und Anlagen zu 50 Prozent zerstört. Weitere 20 Prozent sind stark beschädigt.[93] Die Reichsdruckerei ist betriebsunfähig; die Maschinen stehen still.[94]

Als die sowjetischen Truppen die Reichsdruckerei einnehmen, werfen sie sprichwörtlich das Geld zum Fenster hinaus: Sie werfen halbfertige Druckbögen für Reichsbanknoten auf den Hof. Da das Gelände kaum noch gesichert ist, können Unbefugte problemlos eindringen und mit der Schere Geldscheine aus den Bögen schneiden.[95] ◆

Ein zerstörter Innenhof der Reichsdruckerei nach dem verheerenden Bombenangriff vom 3. Februar 1945.

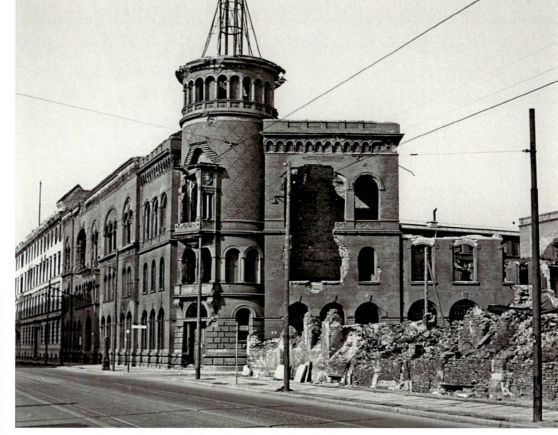

1945

hissen Truppen am 2. Mai auf dem Reichstags-
gebäude die Flagge der Sowjetunion. Sie verkündet
die Einnahme Berlins. Wenig später kapituliert das
Deutsche Reich bedingungslos.

*Das Gebäude der Reichs-
druckerei in der Oranien-
straße nach den Bomben-
angriffen im Februar 1945.*

Berufe in der Bundesdruckerei

Von jeher legt die Bundesdruckerei großen Wert auf hohe Qualität. Neben modernsten Produktionsmöglichkeiten sind hochqualifizierte Mitarbeiter eine unabdingbare Voraussetzung dafür. Als Anreiz für Fach- und Nachwuchskräfte bietet die Bundesdruckerei heute zahlreiche Karriere- und Weiterbildungsmöglichkeiten. Darüber hinaus fördert sie die Vereinbarkeit von Beruf und Familie.

Schriftsetzer
Er fügt die beweglichen Lettern zu einer Druckvorlage zusammen. In den Setzersälen der Reichsdruckerei entsteht unter anderem das amtliche Kursbuch. Auch sämtliche Wertpapiere werden hier gefertigt.

Kupferstecher
Er überträgt Abbildungen auf Kupferplatten. Seine Künste kommen etwa beim Banknotendruck zum Einsatz, wo das Unternehmen auf das besonders exakte Kupferdruckverfahren setzt. Die Druckplatten werden in Linienkupferstich hergestellt.

Banknotenschneider
Aufgabe des Banknotenschneiders ist es, in der Buchbinderei die Bögen mit den Geldscheinen zurechtzuschneiden. Auf einen Bogen passen entweder vier große oder acht kleinere Geldscheine. Nach dem Zuschneiden werden die noch feuchten Banknoten zum Trocknen aufgehängt.

Banknotenprüfer
Er kontrolliert, ob die Banknoten die korrekte Größe haben, also ob das vorher feuchte Papier während des Trocknens exakt die vorgeschriebenen Abmessungen angenommen hat. Auch Druck- und Wasserzeichenfehler fallen ihm auf.

1024, 1025, ...

Banknotenzähler
Er prüft die Banknoten auf Vollständigkeit. In dieser Abteilung beschäftigt die Reichsdruckerei ausschließlich besonders zuverlässige Mitarbeiter und vor allem Beamte: Ihnen droht bei einem Verstoß ein Disziplinarverfahren und der Verlust ihrer Existenzgrundlage.

Guillocheur
Er graviert feine Muster, Linien und Ornamente auf Druckplatten, die beim Banknoten-, Wertpapier- und Reisepassdruck zum Einsatz kommen, um die Fälschungssicherheit zu erhöhen.

Graveur
Er überträgt Motive wie Ornamente, Schriften und bildliche Darstellungen für Briefmarken und Banknoten auf Druckplatten, Gesenke und Prägestempel.

FRÜHER

Schon zu Zeiten Deckers und später in der Reichsdruckerei arbeiten nur bestens ausgebildete Fachkräfte im Unternehmen. Die Spanne der unterschiedlichen Tätigkeitsfelder ist groß, ein deutlicher Schwerpunkt liegt jedoch auf handwerklichem Können.

Das Spektrum der Berufe bei der heutigen Bundesdruckerei ist sehr breit gefächert. Um dem anspruchsvollen Portfolio an Lösungen und Produkten gerecht zu werden, benötigt das Unternehmen Fachleute mit unterschiedlichstem Know-how und vielfältigen Fähigkeiten. Sie üben vor allem technische, kaufmännische und IT-Berufe aus. Die Bundesdruckerei legt Wert auf eine eigene hochwertige Ausbildung und bietet vor diesem Hintergrund ausgewählte technische und kaufmännische Berufseinstiege an.

Kryptologe

Er sichert die Vertraulichkeit, Integrität, Authentizität und Verbindlichkeit von Informationen. IT-Systeme konzipiert er so, dass sie vor dem Zugriff Unbefugter möglichst geschützt sind. Dazu nutzt er Methoden und Techniken aus der Mathematik und der Informatik. Kryptologen-Wissen benötigt die Bundesdruckerei u. a. für Verschlüsselungsmechanismen und deren Integration in die ID-Systeme.

Mechatroniker

Er baut mechanische, elektrische und elektronische Komponenten zu komplexen Systemen zusammen, installiert Steuerungssoftware und kümmert sich um die Instandhaltung der Systeme. Seine Aufgaben umfassen Tätigkeiten eines Mechanikers, Elektronikers und Informatikers.

Softwareentwickler

Software Developer erstellen Anforderungen und Spezifikationen für Softwarelösungen bzw. setzen diese selbst um und programmieren die entsprechenden Lösungen.

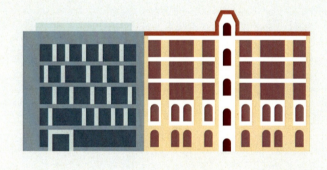

Mediengestalter in Digital und Print (Fachrichtung Beratung und Planung)

Bei ihm dreht sich alles um die Gestaltung von Texten, Bildern und Grafiken. Kreatives Arbeiten gehört für ihn zum Tagesgeschäft. Der Mediengestalter versteht sich als Servicedienstleister für externe und interne Kunden.

Informatikkaufmann

Er sorgt dafür, dass beim Einsatz von informations- und telekommunikationstechnischen Systemen (IT-Systemen) im Unternehmen alles funktioniert. Hierfür berät er die einzelnen Fachabteilungen und kümmert sich um individuelle Lösungen.

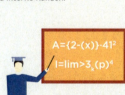

Bachelor of Science Wirtschaftsinformatik und Bachelor of Arts Industry

Schwerpunkt des dreijährigen dualen Studiums bilden die Analyse, Gestaltung und Nutzung von Informationssystemen in Wirtschaft und Verwaltung. Dabei erwerben die Studierenden nicht nur betriebswirtschaftliche Kenntnisse, sondern auch technisches Know-how.

Industriekaufmann

Er steuert betriebswirtschaftliche Abläufe im Unternehmen. In der Materialwirtschaft vergleicht er Angebote, verhandelt mit Lieferanten und betreut die Warenannahme und -lagerung. Kalkulationen und Preislisten zu erarbeiten und mit den Kunden Verkaufsverhandlungen zu führen, gehört im Sales zu seinem Zuständigkeitsbereich.

Fachinformatiker (Fachrichtung Systemintegration)

In seine Zuständigkeit fallen die Planung und Konfigurierung von IT-Systemen bei Kunden sowie im eigenen Haus. Bei auftretenden Störungen behebt er diese schnell und zuverlässig.

Kapitel 4

Die neue
Bundesdruckerei

1945 bis 1989

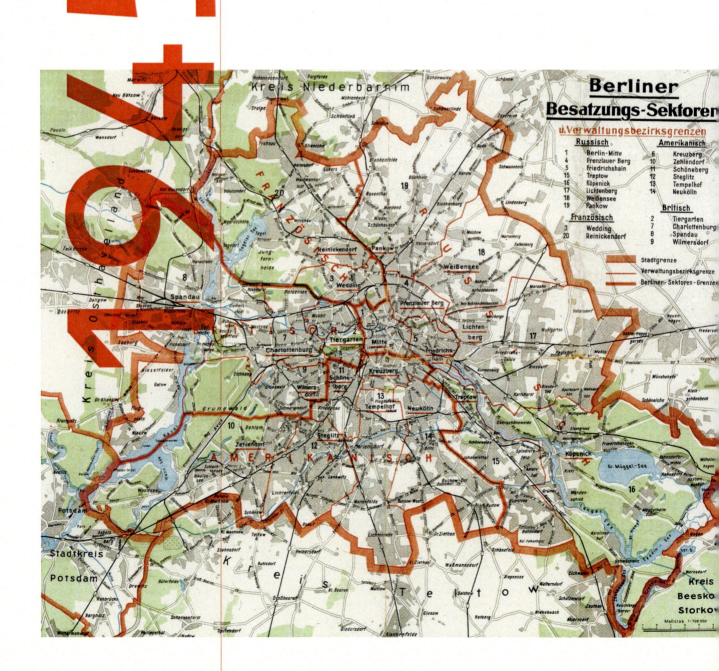

In einem Ausstellungsraum präsentiert die Staats-druckerei Berlin ihr Können.

Neuordnung nach Kriegsende

Das Deutsche Reich kapituliert am 8. Mai 1945 bedingungslos. Der Krieg ist zu Ende, weltweit atmen die Menschen auf. Jetzt zeigt sich das gesamte Ausmaß der nationalsozialistischen Verbrechen. Die vergangenen Jahre haben Verwüstung und Tod gebracht, Millionen Menschen sind auf der Flucht. Straßen, Brücken, Wohnungen sowie Industrie- und Versorgungseinrichtungen sind zerstört.

Die Siegermächte übernehmen die oberste Regierungsgewalt in Deutschland. Sie teilen das Land in vier Besatzungszonen: Im Westen entstehen die US-amerikanische, die britische und die französische Zone; den Osten kontrolliert die Sowjetunion. Berlin als Hauptstadt wird von den Alliierten ebenfalls in vier Sektoren unterteilt: Der Westen der Stadt untersteht den Westmächten, der Ostteil der Sowjetunion.

Die Rote Armee, die in den letzten Kriegswochen Berlin erobert, beschlagnahmt die Reichsdruckerei.[1] Noch im Mai 1945 wird die Druckerei dem Magistrat von Groß-Berlin zugeordnet, Abteilung Post- und Fernmeldewesen. Dieser verfügt, das Vermögen der Reichsdruckerei sicherzustellen und in das Stadtvermögen zu überführen. Schon am 1. Juni nimmt sie unter dem Namen »Staatsdruckerei Berlin« ihren Betrieb wieder auf.[2]

Am 4. Juli 1945 rücken die US-amerikanischen Truppen in Berlin ein, um ihren Sektor zu besetzen. Dazu zählt auch das Gelände der Staatsdruckerei, sodass diese fortan der Aufsicht der Amerikaner untersteht.

Für den Wiederaufbau in Deutschland bedarf es einer staatlichen Druckerei, die zahlreiche Aufgaben für die Besatzungsbehörden und die kommunalen Verwaltungen übernehmen soll – deshalb beginnt in der Berliner Staatsdruckerei schon bald wieder die Produktion. Jedoch ist die Leitung durch ihre politischen Verwicklungen in der NS-Zeit nun nicht mehr tragbar. Der bisherige Direktor Hans-Ulrich Möller wird seines Amtes enthoben. Nachfolger wird Oberregierungsrat Willy Schröder, der »zum Sachwalter der Reichsdruckerei und zum Leiter der Staatsdruckerei« bestellt wird.[3] Am 23. August 1945 wird er jedoch von den US-amerikanischen Militärs verhaftet. Die Gründe dafür sind nicht bekannt. Die US-Militärregierung beauftragt daraufhin den bisherigen technischen Leiter Paul Möller in Vertretung Schröders mit der vorläufigen Leitung der Staatsdruckerei.[4] Ihm wird der frühere Direktor Hans-Ulrich Möller zur Seite gestellt.

1946 enden die Nürnberger Prozesse gegen die Hauptverbrecher des Zweiten Weltkriegs. Zu den zum Tode verurteilten Männern zählt u. a. der ehemalige Befehlshaber der Deutschen Luftwaffe, Hermann Göring. Er begeht nach seiner Verurteilung Selbstmord und entzieht sich so der Vollstreckung des Urteils.

BILD LINKS: *Die Karte von Dezember 1946 zeigt den Verlauf der Berliner Besatzungs-Sektorengrenzen und die Verwaltungsbezirksgrenzen.*

Nachdem die Trümmer beseitigt sind, beginnt der Wiederaufbau der Bundesdruckerei.
Anfang der 1950er-Jahre entstehen mehrere Neubauten in Kreuzberg.

1948 Mit dem Marshall-Plan erhält Westdeutschland finanzielle Aufbauhilfe aus den USA.

Die Belegschaft protestiert gegen dessen Einsetzung. Wegen Möllers Nazi-Vergangenheit will sie nicht mit ihm zusammenarbeiten und fordert, ihn zu entlassen. Die Proteste bleiben erfolglos, die Militärregierung erklärt aber, sie wolle Hans-Ulrich Möller nur so lange im Amt behalten, bis er all sein Fachwissen weitergegeben habe.[5] Erst im Laufe des Jahres 1948 kehrt Willy Schröder auf seinen alten Posten zurück,[6] wenn auch nur für kurze Zeit: 1949 stirbt er. Neuer Leiter wird der Diplom-Ingenieur Kurt Dietzmann, der bereits von 1933 bis 1935 und von 1939 bis 1945 in der Reichsdruckerei gearbeitet hat.

Erste Druckaufträge nach dem Krieg

Briefmarken für die Stadt Berlin, die unmittelbar nach Kriegsende in der Staatsdruckerei gefertigt werden.

Unmittelbar nach Kriegsende beginnen die Wiederaufbauarbeiten in der Staatsdruckerei: Sicherungs- und Aufräumaktionen werden durchgeführt und das Gebäude wetterfest gemacht. Da es kein Glas gibt, mauert man die Fenster erst einmal zu, damit die Produktion zügig starten kann.[7]

Innerhalb weniger Tage erhält die Druckerei den ersten Auftrag: Am 20. Mai 1945 ordert der Magistrat der Stadt Berlin Briefmarken. Einen Tag später bestellt die Fremdenpolizei des Polizeipräsidiums behelfsmäßige, ungefalzte Personalausweise in der Größe 14,8 × 21 Zentimeter. Sie haben einen Umfang von 16 Seiten und sollen bereits einen Monat nach Auftragserteilung geliefert werden. Weitere Bestellungen durch das Polizeipräsidium folgen im September 1945 und im Januar 1946. Abgesehen von wichtigen Sicherheitsdokumenten produziert die Staatsdruckerei Wettscheinblöcke im Auftrag des Berliner Magistrats. Auch hier gilt: Die Blöcke sollen »schnellstens!« geliefert werden.[8] Aufträge kommen zudem vom Zentralkomitee der Kommunistischen Partei Deutschlands (KPD) für die Herstellung von Beitrittsmarken sowie von staatlichen Stellen für Waffenscheine. Die Staatsdruckerei produziert sie in deutscher und russischer Sprache – die »Nachweise für vorübergehenden Waffenbesitz« zusätzlich auf Englisch und Französisch. Die Deutsche Reichsbahn bestellt im August 1945 Dienstausweise in vier Sprachen.[9]

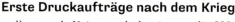

Der amerikanische Militärausweis von 1945 ist mit dem Fingerabdruck seines Inhabers versehen und ermöglicht so dessen eindeutige Identifizierung.

Die Erfüllung der Druckaufträge erweist sich als schwierig, weil die für die Produktion benötigten Rohstoffe Mangelware sind. Die Staatsdruckerei greift deshalb auf bereits bedruckte Materialien zurück. Der Magistrat der Stadt Berlin empfiehlt beispielsweise, alte mit Hitler-Briefmarken frankierte Postkarten mit »neuen Postfreimarken der Stadt Berlin zu 6 Pfennig« zu überdrucken.[10] Weil das Verkehrswesen nahezu komplett zerstört ist, stellt die Ausfuhr der fertigen Waren eine Herausforderung dar. Trotz aller Schwierigkeiten steigen die Mitarbeiterzahlen des Betriebs von 240 bei der Wiederaufnahme der Produktion im Mai 1945 auf 786 Arbeitskräfte im Juni 1946.[11]

Eröffnung der Frankfurter Filiale

Auf der Potsdamer Konferenz im Sommer 1945 beschließen die vier Siegermächte, dass Deutschland gemäß demokratischer Grundsätze wiederaufgebaut werden soll. Aufgrund der gravierenden weltpolitischen Gegensätze von Ost und West wird die demonstrierte Einigkeit jedoch bald brüchig. In den folgenden Jahren entfernen sich die Westmächte und die Sowjetunion in ihrer Deutschlandpolitik immer weiter voneinander. Der sich verschärfende Konflikt mündet schließlich im sogenannten Kalten Krieg, der das Leben der Menschen in den folgenden Jahrzehnten weltweit beeinflussen wird.

Durch ihre Insellage in der sowjetischen Besatzungszone verschlechtert sich die Situation für die Berliner Westsektoren. Wie bedrohlich es für die knapp zwei Millionen Einwohner ist, zeigt die Antwort der Sowjetunion auf die Währungsreform: Am 20. Juni 1948 führen die Westalliierten in den von ihnen kontrollierten Zonen die Deutsche Mark ein. Sie soll die wertlos gewordene Reichsmark ersetzen und den wirtschaftlichen Wiederaufbau ankurbeln. Mit der Produktion beauftragen die Alliierten nicht die Staatsdruckerei, sondern ausländische Druckereien. Die Sowjetunion reagiert auf die Währungsreform mit einer totalen Wirtschafts- und Handelsblockade, die sie am 24. Juni 1948 über Westberlin verhängt. Ziel der sogenannten Berlin-Blockade ist es, die Stadt von der Versorgung mit Lebensmitteln und Brennstoffen abzuschneiden, um sie unter sowjetische Kontrolle zu bringen.

Die Blockade bringt auch die Staatsdruckerei in Schwierigkeiten. Sie ist von ihren Zulieferern abgeschnitten, die Ausfuhr ihrer Druckerzeugnisse über die Grenzen Westberlins hinaus ist unmöglich. Dadurch gehen die Einnahmen aus dem Druck von Postwertzeichen im Laufe des Jahres 1948 um rund 2,5 Millionen D-Mark zurück. Als Folge müssen 150 Mitarbeiter entlassen werden. Um weitere Kündigungen zu vermeiden, setzt die Staatsdruckerei ihre Arbeitskräfte zu Aufräumarbeiten ein.[12] In Frankfurt am Main wird ein Zweigbetrieb gegründet. So will man die Produktion der Wertdrucke sichern, die für die wirtschaftliche Entwicklung Westdeutschlands essentiell sind.[13]

Eine Transportmaschine mit Banknoten für Westberlin wird auf dem Flughafen Tempelhof entladen (um 1948).

1950
werden die internationalen Sportbeziehungen offiziell wieder aufgenommen. Ihr erstes Fußballländerspiel gewinnt die Bundesrepublik Deutschland nach Kriegsende mit 1:0 gegen die Schweiz.

Banknote aus der ersten Serie von 1949. Den Schein ziert die Abbildung einer allegorischen Gruppe: Symbol für Arbeit, Gerechtigkeit und Aufbau (v. l. n. r.).

1953 gehören bessere Lebensbedingungen, der Rücktritt der Regierung und freie Wahlen zu den Hauptforderungen der Arbeiter, die sich am 17. Juni am Aufstand in der DDR beteiligen.

Zu den Auftraggebern der Bundesdruckerei zählt auch die **Freie Universität Berlin.** Das Institut für Sinologie nutzt das Know-how des Staatsbetriebs für den Druck chinesischer Schriftseiten. In Deutschland ist allein die Bundesdruckerei dazu in der Lage, diese in bester Qualität zu drucken.

Am 17. Juni 1953 schließt der Berliner Betrieb der Bundesdruckerei seinen Eingang zur **Kommandantenstraße:** Er grenzt unmittelbar an den Ostsektor.

1954 liegt die durchschnittliche Wochenarbeitszeit in Deutschland bei 49 Stunden, in manchen Bereichen sogar darüber. Anlässlich des 1. Mai fordern die Gewerkschaften die Fünf-Tage-Woche mit 40 Arbeitsstunden.

Die Gründung der Bundesdruckerei

Über Monate hinweg ermöglicht die Luftbrücke, durch die Aliierten eingerichtet, die Versorgung der isolierten Westberliner. Am 12. Mai 1949 endlich ist das Leiden der Bürger vorbei – die Sowjets beenden die Berlin-Blockade. Nur wenige Tage später, am 23. Mai 1949, wird die Bundesrepublik Deutschland gegründet. Im Oktober des gleichen Jahres entsteht mit der Deutschen Demokratischen Republik der zweite deutsche Staat.

Am 1. September 1949 übernimmt die noch junge Bundesrepublik die Verwaltung der Staatsdruckerei vom Berliner Magistrat. Ein 1951 ratifizierter Vertrag legt fest: Die gesamte Druckerei wird in die Verwaltungsstrukturen der Bundesrepublik Deutschland eingegliedert und erhält den neuen Namen »Bundesdruckerei«. Dienststellen sind Frankfurt am Main und Berlin, wobei die Führungsverantwortung in Frankfurt liegt.[14] Die Frankfurter Zweigstelle hat ihren Sitz in der Weserstraße 24 sowie der Intzestraße 1–3.[15] Die Bundesdruckerei erhält mit der Neuordnung den rechtlichen Status, den sie bereits vor Kriegsende als Reichsdruckerei hatte[16] und ist wie zuvor für »die gesicherte Herstellung staatswichtiger Drucksachen«[17] verantwortlich. Das heißt, sie erfüllt als obere Bundesbehörde, die unmittelbar dem Bundesministerium für das Post- und Fernmeldewesen untersteht,[18] in erster Linie Aufträge des Bundes und der Länder.[19] Gleichzeitig ist die Bundesdruckerei ein kaufmännisch ausgerichteter Betrieb, der sich selbst finanzieren und Gewinne erwirtschaften muss. Damit steht sie ebenfalls in der Tradition der Reichsdruckerei und ihrer Vorläufer. Bereits ein Jahr nach der Neufirmierung – im Rechnungsjahr 1952 – gelingt es der Bundesdruckerei, einen Überschuss zu erwirtschaften, den sie an die Bundeshauptkasse abführt.[20]

Am Ende des gleichen Jahres nimmt in Bonn, der neuen Hauptstadt der Bundesrepublik, in der Pleimesstraße 1–5[21] eine weitere Zweigstelle der Bundesdruckerei ihren Betrieb auf.[22] Sie soll die Herstellung terminierter und vertraulicher Drucksachen für die Bundesregierung und die Bundesverwaltung gewährleisten.[23] Der Betrieb ist in einem provisorischen Gebäude untergebracht. Einer der ersten Aufträge ist der Druck des Bundesgesetzblatts.[24]

Banknoten aus Berlin

Im August 1955 erhält die Bundesdruckerei den ersten Auftrag für die Produktion von Banknoten. Ab März 1956 druckt sie am Berliner Standort 5-Mark-Scheine.[25] Der Auftrag führt zu einer Normalisierung des Betriebs: Alle Produkte, die zum Portfolio der Reichsdruckerei gehörten, produziert jetzt auch die Bundesdruckerei wieder. Ein Jahr später, am 1. Oktober 1957, kehrt zudem die Direktion der Bundesdruckerei zurück nach Berlin und leitet von hier aus alle drei Standorte.[26] Der Umzug fällt mitten in die Zeit des westdeutschen Wirtschaftswunders: Alle Bereiche der Wirtschaft florieren und es herrscht Vollbeschäftigung. Der Aufschwung macht sich auch bei der Bundesdruckerei bemerkbar. In den folgenden Jahren stellt die Behörde zunehmend Personal ein. Außerdem modernisiert sie ihren Maschinenpark und erweitert die Produktionsfläche. Die Bundesdruckerei ist damit bestens gerüstet für weitere Aufträge: Ab 1959 produziert sie 50-Mark-Scheine, später auch 10-Mark-Scheine. Alle anderen DM-Banknoten druckt die Münchner Privatdruckerei Giesecke & Devrient im Auftrag der Bundesbank. Ziel dieser Dezentralisierung ist es, die Währung weniger abhängig von der instabilen Sicherheitslage in Berlin zu machen. Aus diesem Grund wird auch der Frankfurter Standort weiter zur Wertdruckerei ausgebaut.[27] Über die neuen Aufträge zum Banknotendruck heißt es 1959 im Geschäftsbericht der Bundesdruckerei: »Als letztes und wichtigstes Aufgabengebiet ist auch der Banknotendruck hinzugekommen.«[28] Die Bundesdruckerei ist »Hausdruckerei des Bundes«.[29] Zu den wichtigen Aufträgen gehören zum Beispiel Postwert- und Steuerzeichen, Angestellten- und Arbeiterversicherungsmarken, Postsparbücher, Postscheck- und Überweisungshefte, Reise- und Dienstpässe sowie Patentschriften. Insgesamt kommen 49 Prozent der Aufträge von der Post, 45 Prozent vom Bund – wobei der Banknotenauftrag hierzu gezählt wird –, drei Prozent von privaten Auftraggebern und weitere drei Prozent von ausländischen Kunden. Die ersten Auslandsaufträge nach Kriegsende gehen 1957 bei der Bundesdruckerei ein.[30]

Neben ausländischen Banken produzieren vor 1955 auch einige nationale Privatbanken Banknoten in geringen Notenwerten. Herausgeber ist die »Bank deutscher Länder«, aus der 1957 die **Deutsche Bundesbank** hervorgeht.

Die **Bezeichnung des Leiters** der Bundesdruckerei wird 1957 geändert, sein Titel lautet fortan nicht mehr »Direktor« sondern »Präsident«.

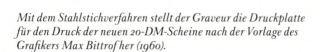

Mit dem Stahlstichverfahren stellt der Graveur die Druckplatte für den Druck der neuen 20-DM-Scheine nach der Vorlage des Grafikers Max Bittrof her (1960).

1959

erscheint »Die Blechtrommel«
von Günter Grass.

Der Neubau der Bundesdruckerei in der Oranienstraße (um 1963).

BILD LINKS: *Vor der Nummerierung
werden die Banknoten einer visuellen
Kontrolle unterzogen (um 1961).*

BILD UNTEN: *Zwischen einzelnen
Produktionsschritten werden die Bögen
von Hand durchgezählt.*

1962
treten im Jahr der Spiegel-Affäre die
noch relativ unbekannten »Beatles«
mehrmals im Hamburger Star-Club auf.

*Im September 1966 wird in unmittelbarer Umgebung der Bundesdruckerei
die Berliner Mauer weiter ausgebaut.*

Die Zahl der **Auslands-
aufträge** steigt ab den
1960er-Jahren: Die
Bundesdruckerei fertigt
unter anderem Brief-
marken für Venezuela (s. o.),
Alkoholsteuerzeichen für
Äthiopien, Postwertmarken
für Tansania und Pässe
für Peru.

Die Bundesdruckerei setzt
in den 1960er- und 1970er-
Jahren ihre lange **kunst-
handwerkliche Tradition**
fort und publiziert eine
Edition handgedruckter
Faksimiles von Werken
Francisco de Goyas.

Die Folgen des Mauerbaus

In den Jahren des Aufschwungs sind die Auftragsbücher der Bundesdruckerei prall gefüllt. Das Unternehmen befindet sich auf Erfolgskurs und schreibt fortwährend schwarze Zahlen. Technisch ist die Druckerei wie in den Jahrzehnten zuvor auf dem modernsten Stand. Präsident Kurt Dietzmann betont rückblickend, dass die Bundesdruckerei 1960 »auf eigenen, kräftigen Füßen« steht.[31] Zum Aufschwung tragen nicht nur der Druck von Postwertzeichen und Banknoten bei, deren Volumen parallel zur konjunkturellen Entwicklung in Deutschland ansteigt. Hinzu kommt die Herstellung eines neuen Personalausweises. Er löst den 1951 neu nach dem **Krieg** eingeführten Personalausweis ab. 1960 liefert die Bundesdruckerei 2,5 Millionen neue Bundespersonalausweise und Reisepässe, 1962 sind es schon 16,5 Millionen Stück.[32] Für die in Westberlin lebenden Bürger produziert die Behörde darüber hinaus seit Jahren die Berliner Personalausweise. Der bundesdeutsche Personalaus-weis ist zu diesem Zeitpunkt ein achtseitiges graues Büchlein. Die einzelnen Seiten sind aus Spezialpapier, das fälschungssicher ist und weniger schnell verschleißt als herkömmliche Materialien. Wichtige Sicherheitsmerkmale sind die aufwändige Mischung aus schwer nachahmbaren Farbelementen, Guillochen – die bewährten Kombinationsmuster aus Sicherheitslinien – sowie Wasserzeichen.

1967
kommen in Deutschland Farbfernseher auf den
Markt. Die teuren Geräte können sich zunächst
nur etwa 200 von 1.000 Haushalten leisten.

Eine besondere Situation erleben die Mitarbeiter der Bundesdruckerei im Jahr 1961: Die Berliner Mauer wird errichtet. Diese führt direkt hinter dem Standort der Bundesdruckerei in der Kommandantenstraße vorbei. Nun können plötzlich 81 Mitarbeiter, die im Ostteil der Stadt wohnen, nicht mehr zur Arbeit erscheinen. Aufgrund der zunehmenden Konflikte zwischen Ost und West hatte die Bundesdruckerei bereits in den Jahren zuvor viele der sogenannten Grenzgänger in den Westsektor Berlins umgesiedelt. Ursprünglich waren davon 450 Mitarbeiter betroffen. Bei Neueinstellungen galt: Mitarbeiter müssen aus einem der drei Westsektoren kommen. Wirtschaftlich gesehen hat der Mauerbau jedoch keinen negativen Einfluss auf die Entwicklung des Unternehmens: Im Rechnungsjahr 1961 erreicht die Bundesdruckerei ihr bisher bestes Ergebnis. Der Umsatz steigt im Vergleich zum Vorjahr um 27 Prozent und übertrifft damit die Zuwachsraten aller vorigen Jahre.[33] Der Aufschwung macht sich an den Standorten Frankfurt und Bonn ebenfalls bemerkbar. Bereits Mitte der 1960er-Jahre sind die Räumlichkeiten in Frankfurt zu klein. Der Umzug in ein größeres Gebäude erfolgt 1968: nach Neu-Isenburg, 13 Kilometer südlich der Main-Metropole.[34]

Die Zweigstelle der Bundesdruckerei in **Bonn** druckt 1978 unter anderem das Bundesgesetzblatt und das Bulletin des Presse- und Informationsamtes der Bundesregierung.

Der Druckereibetrieb in Neu-Isenburg nahe **Frankfurt** erhält in den 1970er-Jahren vor allem Aufträge vom Bundeskriminalamt (BKA) in Wiesbaden, der Bundeszollverwaltung und der Deutschen Bundespost.

Fälschungssichere Ausweise in Zeiten des Linksterrorismus

1968 brennen in Frankfurt am Main zwei Kaufhäuser. Verantwortlich sind Linksextremisten, die wenig später die Rote Armee Fraktion (RAF) gründen. Diese verunsichert im folgenden Jahrzehnt die Menschen in der Bundesrepublik Deutschland nachhaltig. Aus diesem Grund diskutieren Politiker immer wieder über die interne Sicherheit. Unter anderem geht es um fälschungssicherere Ausweisdokumente. Bisher produziert die Bundesdruckerei nur die Vordrucke der Ausweise. Erst die Mitarbeiter in den lokalen Ämtern stellen die Ausweise fertig: Sie ergänzen die Personendaten des Antragsstellers, fügen das Passfoto ein und versehen das Dokument mit einem Stempel. Es gelingt den Mitgliedern der RAF immer wieder, Ausweisvordrucke aus den Meldebehörden zu stehlen, mit falschen Angaben zu versehen und so zur Verschleierung ihrer Identität zu nutzen.

Mit der Ermordung des Arbeitgeberpräsidenten Hanns Martin Schleyer und der Entführung der Lufthansa-Maschine »Landshut« im Oktober 1977 erreichen die terroristischen Aktivitäten der RAF einen traurigen Höhepunkt. Die Zeit geht als »Deutscher Herbst« in die Geschichte ein. Aufgrund der Sicherheitslage fällt die Bundesregierung die Entscheidungen, Personalausweise künftig zentral herstellen zu lassen – und zwar mit modernsten elektronischen Fertigungsmethoden. Auch

1968 führt das Attentat auf Rudi Dutschke, einem der tonangebenden Vertreter der Außerparlamentarischen Opposition (APO), in 27 Städten der Bundesrepublik zu Protesten. Bei den schweren Unruhen kommen zwei Menschen ums Leben.

Ausbau der Mauer im September 1966.

Auf dieser Aufnahme von 1972 ist der Eingang zu einem der hochgesicherten Tresore der Bundesdruckerei zu sehen.

Das Europäische Patentamt bestellt bei der Bundesdruckerei ab 1979 **Patentschriften.**

Die Bundesdruckerei erzielt 1986 eine **Umsatzsteigerung** von über 16 Millionen DM. Zurückzuführen ist dies auf eine Erhöhung der Auflagen – insbesondere bei Sonderpostwertzeichen und Ersttagsblättern. Letztere sind von der Post ausgegebene Blätter mit Briefmarken, die am ersten Gültigkeitstag abgestempelt werden. Bei Sammlern erfreuen sie sich besonderer Beliebtheit.

international kommt der Ausweissicherheit große Bedeutung zu. Auf der Sicherheitskonferenz für den Luftverkehr in Montreal 1979 erklären sich die deutschen Vertreter bereit, »einen internationalen Standard für fälschungssichere Identitätsausweise« auszuarbeiten.[35] Zugleich wird die Einführung von sichereren Pässen in allen Ländern beschlossen. In Deutschland sollen die neuen Identitätsdokumente in der Bundesdruckerei hergestellt werden. 1980 wird der Personalausweis schließlich in Auftrag gegeben – nach einem völlig neuen Verfahren. Die zentrale Produktion der Ausweise erfordert einen hohen Arbeitsaufwand. Zudem sind »sehr kostspielige Spezialmaschinen und kompliziertes elektronisches Gerät« notwendig, das in der Bundesdruckerei bis zu diesem Zeitpunkt nicht vorhanden ist.[36] Die Maschinen müssen in besonderen klimatisierten Räumen mit einer Fläche von insgesamt 4.000 Quadratmetern untergebracht werden. Platz bietet ein gerade fertig gestellter Neubau, der ursprünglich für andere Abteilungen eingeplant war. Der damalige Präsident der Bundesdruckerei Klaus Spreen bewertet die Vorbereitungen zur Umstellung 1980 wie folgt: »Schließlich wollen wir der Öffentlichkeit beweisen, dass die Herstellung der neuen Ausweise bei uns in guten und sicheren Händen liegt.«[37]

Qualitativ hochwertige Banknoten für internationale Kunden

Ein wichtiger Auftraggeber für die Bundesdruckerei ist Ende der 1970er- und Anfang der 1980er-Jahre die Bundesbank, die kontinuierlich Banknoten ordert. Die Auftragsvolumina sind konjunkturabhängig: Floriert die Wirtschaft, steigt der Bedarf an Geldmengen. Im Jahr 1980 gehen bei der Bundesdruckerei Aufträge im Wert von etwas mehr als 250 Millionen DM ein, davon entfallen 58 Millionen DM auf den Banknotendruck. Das sind knapp 23 Prozent des Gesamtvolumens. Etwa die Hälfte der Aufträge erfüllt die Zweigstelle in Neu-Isenburg. Der zweitgrößte Anteil der Einnahmen entfällt mit 38 Millionen DM auf Postwertzeichen. Sie machen 15 Prozent des Gesamtauftragsvolumens aus.[38]

Aufgrund der politischen Sonderlage Berlins ist die Produktion am Hauptstandort der Bundesdruckerei weiterhin kompliziert. Rohstoffe wie Papier müssen aus Westdeutschland nach Berlin eingeflogen werden. Der Transport der fertigen Produkte und Druckerzeugnisse zurück nach Westdeutschland führt ebenfalls über den Luftweg. Im September 1979 versucht die Frankfurter Filiale der Bundesdruckerei, den Transport durch Ostdeutschland auf dem Landweg zu organisieren. Dazu fragt sie bei der Staatsbank der DDR an, »ob bei Geldtransporten … zur Landeszentralbank in Berlin und zur dortigen Banknotendruckerei … mit Polizeischutz durch die Volkspolizei gerechnet werden könne.«[39] Vom DDR-Innenministerium erhält die Bundesdruckerei jedoch eine ablehnende Antwort. Als Begründung wird angeführt, dass dies mit dem Standpunkt der DDR zum Viermächteabkommen unvereinbar sei. Eine Unterstützung durch die DDR würde die Tätigkeit der Bundesdruckerei in Westberlin »quasi legalisieren«.[40]

BILD RECHTS: *Anlässlich des 100. Jubiläums der Bundesdruckerei im Jahr 1979 wird eine Briefmarke herausgegeben.*

Da die Qualität und die Sicherheit der in der Bundesdruckerei hergestellten Banknoten außerordentlich gut sind, zählen zunehmend internationale Kunden zu den Auftraggebern: 1981 lassen Venezuela und Peru ihre Banknoten in Deutschland drucken. 1984 erteilen auch Bolivien und 1986 Kolumbien entsprechende Aufträge. In den 1980er-Jahren werden neben regulären Briefmarken zudem jährlich etwa 55 Sonderbriefmarken für die Deutsche Post hergestellt.[41] Die Marken kann die Bundesdruckerei in verschiedenen Druckverfahren herstellen: im Stahlstich-, Offset-, Tief- oder Buchdruck. Auch Kombinationen sind möglich, etwa Offset/Stahlstich. Die Art des Verfahrens legen Mitarbeiter – vor allem Spezialisten aus Verkauf, Produktionssteuerung, Fotolithografie und Druckformenherstellung – nach Eingang der Druckvorlage fest. Bei der Entscheidung spielen Kundenwünsche und Wirtschaftlichkeit eine Rolle.[42]

Die Post gibt ab 1986 die Briefmarkenserie **»Bedeutende Frauen«** heraus. Auf den Marken der ersten Jahre sind Clara Schumann, Therese Giehse, Lise Meitner und Hannah Arendt abgebildet. Die Bundesdruckerei stellt sie im handwerklich anspruchsvollen Stichtiefdruck her.

Investitionen in modernste Druckverfahren

National und international ist die Bundesdruckerei hoch angesehen: Sie verfügt über die modernsten Fertigungsanlagen der Welt und liefert Produkte von höchster Qualität. Um ihrer Vorreiterrolle gerecht zu werden, hält die Bundesdruckerei mit den neuesten Entwicklungen in der Drucktechnik Schritt.[43] Außerdem investiert sie in sehr gut qualifiziertes Personal und bildet den Nachwuchs selbst aus. Zahlreiche Mitarbeiter, die in der Druckerei gelernt haben, berichten vom Wert ihrer Ausbildung. In dieser Zeit hätten sie gelernt, diszipliniert und präzise zu arbeiten. Eine der häufigsten »Strafaufgaben« ist das Erstellen eines sogenannten Glatten Satzes, eines fortlaufenden Texts im Blocksatz. Dabei ist höchste Sorgfalt gefragt – eine gute Übung für angehende Schriftsetzer.[44]

Solidarität untereinander, noch heute ein wichtiger Bestandteil der Unternehmenskultur, liegt den Mitarbeitern schon damals am Herzen. Der Betriebsrat, bei der Bundesdruckerei traditionell stark, gestaltet das Miteinander im Unternehmen aktiv mit. Auch der gewerkschaftliche Organisationsgrad ist hoch: Viele Mitarbeiter gehören der Industriegewerkschaft Druck und Papier (IG DruPa), später Industriegewerkschaft Medien (IG Medien), und der Deutschen Postgewerkschaft (DPG) an. Diese gehen schließlich gemeinsam in der Vereinten Dienstleistungsgewerkschaft (Verdi) auf.[45] Die konstruktive Zusammenarbeit von Belegschaft, gewerkschaftlicher Vertretung und Geschäftsführung trägt maßgeblich zum guten

1975 wird das Volljährigkeitsalter herabgesetzt. Fortan gelten junge Menschen mit Vollendung des 18. Lebensjahres als erwachsen – und nicht wie zuvor mit 21 Jahren.

Die Bundesdruckerei druckt für die olympischen Sommerspiele von 1980 eine Sonderbriefmarke.

Ein Setzer setzt die einzelnen belichteten Zeilen zusammen (um 1980).

FOTOSATZ

Seit den 1960er-Jahren verbreitet sich der Fotosatz. Bei diesem Verfahren werden Schriftzeichen durch Belichtung auf lichtempfindliches Material aufgezeichnet. Dabei fällt das Licht durch einen materiellen Schriftbildträger, eine Schablone, mit negativen Schriftzeichen auf einen Film oder Fotopapier. Diese dienen als Vorlage für die Druckform.

Ruf des Unternehmens bei: Die Kunden können auf verlässliche Leistungen und ein respektvolles, wertschätzendes Miteinander vertrauen.[46]

In den 1970er-Jahren lernen die Auszubildenden in der Setzerei noch den klassischen Bleisatz. Zusätzlich werden sie bereits mit der neuen Technik des Fotosatzes vertraut gemacht, den die Bundesdruckerei verhältnismäßig früh einführt. Mit diesem innovativen Verfahren können Satzarbeiten wesentlich schneller erledigt werden. Besonders Tabellen und Bilder sind leichter zu setzen.[47] Die Ausstattung der Fotosetzerei erweitert die Bundesdruckerei kontinuierlich. 1961 schafft sie die erste Monophoto-Belichtungsmaschine an. Zwei Jahre später führt sie den TTS-Linotypesatz ein. Hinzu kommt 1964 das erste Diatypegerät und 1971 ein Siemens-Computer vom Typ 404. 1980 ist die Fotosetzerei schließlich komplett. Dabei investiert die Behörde nicht nur in die Technik, sondern auch in ihre Mitarbeiter. Die Umstellung auf die neue Technik erfordert »eine bis dahin nie gekannte Umschulungsaktion, ... die über 20 Jahre dauern sollte«, heißt es in einem Artikel der Mitarbeiterzeitschrift von 1982.[48] Die ersten Mitarbeiter der Setzerei lassen sich in dieser Zeit bereits zum Programmierer ausbilden und erstellen den Satz fortan in elektronischer Form.[49] Mit der Programmiersprache Assembler und einem geschulten Blick gelingt es den Mitarbeitern, die Produktionsvorstufe – etwa für Patentschriften – elektronisch zu erstellen.

Der lange Weg zu einem neuen Personalausweis

Bereits seit dem Jahr 1979 arbeitet die Bundesdruckerei an der Entwicklung eines »fälschungssicheren Ausweissystems«.[50] Ein Jahr später schafft die Behörde die Voraussetzungen für die Produktion: Sie stellt 54 neue Mitarbeiter ein und gründet eine Projektgruppe. Wie das neue Identitätsdokument genau gestaltet sein soll, muss die Politik zu diesem Zeitpunkt jedoch erst noch entscheiden.[51] Fest steht: Am 1. Oktober 1981 sollen die Personalausweise ausgeliefert werden.[52]

Parallel dazu startet die Bundesdruckerei mit der Planung und Entwicklung für den neuen europäischen Reisepass,[53] der spätestens am 1. Januar 1985 eingeführt werden soll.[54] Der Termin verschiebt sich später auf den 1. Januar 1988.[55] Auch die Weiterentwicklung des neuen Führerscheins treibt die Bundesdruckerei in dieser Zeit voran.[56]

Die Entwicklungs- und Planungsarbeiten für den Personalausweis werden unterbrochen, da es von Seiten der Politik noch Klärungsbedarf zum Thema Datenschutz gibt.[57] Erst im März 1983 erteilt das Bundesministerium des Innern (BMI) den Auftrag zur Wiederaufnahme der Personalausweisproduktion. Die Bundesdruckerei investiert viel Geld und konzentriert einen Großteil ihrer Kräfte auf das Projekt.[58] Dennoch verlegt die Politik immer wieder den Einführungstermin: Sollen die ID-Karten laut aktuellem Beschluss zunächst am 1. November 1984 fertig sein,[59] verschiebt sich der Termin im Februar 1984 erneut auf Sommer 1985.[60] Im Laufe des Jahres muss die Bundesdruckerei schließlich auf Wunsch des Ministeriums die Arbeiten am Projekt komplett einstellen. Obwohl die notwendigen Rechnersysteme bereits installiert sind, das Personal für die Steuerung der Anlagen ausgebildet wurde und der größte Teil der Maschinen angeliefert oder sogar aufgestellt ist. Die Kosten dafür belasten das Gesamtergebnis der Bundesdruckerei erheblich. 1986 muss sie rund 23,5 Millionen DM aufwenden.[61] Erst nachdem das »5. Gesetz zur Änderung des Gesetzes über Personalausweise« in den Bundestag eingebracht ist, nimmt die Bundesdruckerei die Arbeiten wieder auf.[62] Als neuer Liefertermin gilt der 1. April 1987.

Die Entwicklung der neuen Personalausweise und Reisepässe ist sehr arbeitsintensiv. Nicht nur die Druckarbeiten erfordern viel Personal, sondern auch die elektronische Datenerfassung – ein völlig neues Arbeitsfeld für die Bundesdruckerei. Entsprechend steigen die Mitarbeiterzahlen: 1985 stellt die Behörde 409 Mitarbeiter mehr ein als im Vorjahr. Das entspricht einem Plus von 14,5 Prozent. Am 1. April 1987 wird der neue Personalausweis schließlich ausgegeben.[63] Er besteht nicht

Die Setzerei der Bundesdruckerei (um 1980).

1983 sind Heimcomputer bei den deutschen Weihnachtseinkäufern so beliebt, dass der Handel Schwierigkeiten hat, Nachschub zu beschaffen.

1985 stellt die Bundesdruckerei das Telefonbuch her.

mehr – wie früher – aus Spezialpapier, sondern aus festen, laminierten Karten im sogenannten ID2-Format. Zudem verfügt das Dokument über hochwertigere Sicherheitmerkmale – darunter verfeinerte Guillochenmuster, schwer zu druckende Hoheitszeichen sowie eine Seriennummer. Neues Element ist eine maschinenlesbare Zone (MRZ), die die persönlichen Daten des Besitzers enthält und erstmals mittels Lesegerät elektronisch ausgelesen werden kann.

Das neue Produkt verhilft der Bundesdruckerei zu einer deutlichen Umsatzsteigerung. 1987 erzielt sie rund 84,8 Millionen DM Umsatz. Das sind 27,5 Millionen mehr als 1986. Aufgrund der hohen Anlauf- und Entwicklungskosten fällt das Bilanzergebnis jedoch – wie in den Vorjahren – negativ aus.[64] Hinzu kommen Kosten wegen einer zu geringen Auslastung der Fertigung. Zurückzuführen ist dies auf den schleppenden Eingang von Bestellungen: 1987 produziert die Bundesdruckerei täglich nur etwa 29.000 Personalausweise – und nicht, wie geplant, 40.000 pro Tag.[65] 1988 ändert sich dies: Die Kapazitäten sind ausgelastet und die Bundesdruckerei hat »überlange« Lieferzeiten.[66] Am 1. Januar 1988 startet zudem die Produktion der fälschungssicheren Reisepässe. Sie bestehen aus einem Passbuch, in das eine personalisierte Sicherheitskarte eingearbeitet ist. Diese enthält u. a. sogenannte optokinetische Echtheitsmerkmale, die bei Bewegung abwechselnd drei verschiedene grafische Bildinhalte zeigen – und den Fälschungsschutz des Dokuments weiter erhöhen.[67] Um die Nachfrage nach den neuen Ausweisen und Pässen bewältigen zu können und die sich zuspitzenden Kapazitätsprobleme zu kompensieren, führt die Bundesdruckerei noch im selben Jahr eine zweite Arbeitsschicht ein.[68]

Zu den größten Kunden der Bundesdruckerei gehören 1987 die Deutsche Bundespost mit einem Auftragsvolumen von 33,6 Prozent und die Deutsche Bundesbank, deren Bestellungen rund 16 Prozent ausmachen. Weitere 25,8 Prozent entfallen auf »übrige Behörden« – worunter die Pass- und Ausweisbehörden von Städten und Gemeinden fallen, die die Identitätsdokumente bestellen.[69]

Die Einführung des neuen Personalausweises und Reisepasses ist ein technisch anspruchsvolles Projekt für die Bundesdruckerei,[70] mit dessen Ergebnis die Verantwortlichen äußerst zufrieden sind. Postminister Christian Schwarz-Schilling betont bei einem Besuch in der Bundesdruckerei am 28. August 1987, dass das Unternehmen die Schwierigkeit der Aufgabe hervorragend gelöst habe: Es habe dem Termindruck standgehalten und technische Neuerungen hervorgebracht.[71]

Ab 1986 produziert die Bundesdruckerei die deutsche Version des **europäischen Führerscheins.**

Bevorzugte Berliner

In Bonn wird für die **Zweigstelle** der Bundesdruckerei 1986 im Stadtbezirk Bad Godesberg ein moderner Industriebau errichtet.

Im geteilten Deutschland gilt Westberlin als ein Symbol für die Freiheit und den Widerstand gegen das Sowjetsystem. Deshalb versucht die Bundesregierung, die Stadt sowohl politisch als auch wirtschaftlich so eng wie möglich an die Bundesrepublik zu binden. Beispielsweise bemüht sie sich, die Präsenz von Bundesbehörden in der Stadt zu erhöhen. Dies gilt als Zeichen dafür, dass die Bundesrepublik ihren Anspruch auf Berlin nicht aufgibt.[72] Die Idee der »Berlin-Präsenz« kommt auch

Grundsteinlegung für den Neubau auf dem Gelände der Bundesdruckerei am 5. April 1977.

der Bundesdruckerei zugute. Es wird immer wieder betont: Als Bundesbehörde muss die Druckerei ihren Hauptsitz in Berlin haben, und auch die Direktion und ein großer Teil der Produktion gehören dorthin. Entsprechend bewilligt die Bundesregierung der Bundesdruckerei 1977 einen Neubau.[73] Zudem wird der Berliner Standort bei Auftragsvergaben bevorzugt berücksichtigt. Dies führt jedoch häufig zu Streit auf politischer Ebene. Immer wieder wird diskutiert, inwieweit beim Wert- und Sicherheitsdruck die bis dato praktizierte Auftragsverteilung zwischen Bundesdruckerei und privaten Unternehmen bzw. Hausdruckereien von Ministerien und Kommunen zugunsten der Behörde verlagert werden soll und kann.[74]

Erste Privatisierungsüberlegungen

Trotz verlässlicher Bestellungen von Seiten des Staates und ihres Behördenstatus versteht sich die Bundesdruckerei als gewinnorientiertes Wirtschaftsunternehmen.[75] Immer wieder gelingt es ihr, auch privatwirtschaftliche Aufträge zu akquirieren.[76] Aufgrund dieses Erfolgs spielt das Postministerium mit dem Gedanken, die Bundesdruckerei zumindest teilweise zu privatisieren. Hinzu kommt: Bei dem Regierungswechsel im Jahr 1982 steht es nicht gut um die deutsche Wirtschaft. Im Rahmen der gewaltigen Aufgabenstellung der Haushaltskonsolidierung erfolgt auch für die unternehmerische Tätigkeit des Bundes eine Bestandaufnahme. Im Ergebnis zeigt sich, dass einige Unternehmen mit Bundesbeteiligung aus unterschiedlichen Gründen erhebliche Verluste aufzuweisen haben. 1983 wird daher ein Privatisierungsprogramm vorbereitet und in den darauffolgenden Jahren insbesondere im Industriebereich erfolgreich umgesetzt.

Bundesdruckerei-Präsident Klaus Spreen steht der Idee, auch die Bundesdruckerei zu privatisieren, positiv gegenüber: Die effizienteste Lösung sei, die Bundesdruckerei aus dem öffentlichen Dienst herauszulösen und sie zu privatisieren, ihr aber per Gesetz ein Monopol zur Herstellung bestimmter Erzeugnisse zu geben. Damit würde »eine Organisationsform gefunden, die einerseits gewährleistet, dass der Staat ein eigenes Institut für seine wichtigen Druckerzeugnisse hat, andererseits aber diese Aufgaben mit den Mitteln eines privaten Wirtschaftsunternehmens gelöst werden können.«[77] ◆

1986 breitet sich nach einer Reaktor-Katastrophe im ukrainischen Kernkraftwerk Tschernobyl am 26. April in Europa eine radioaktive Wolke aus. Auch Deutschland ist betroffen.

Briefmarkendruck im Wandel der Zeit

Die erste Briefmarke stammt aus England aus dem Jahr 1840. Schon bald beginnt auch auf deutschem Gebiet das Geschäft mit den Postwertzeichen zu florieren. Bereits im ersten Jahr nach der Gründung der Reichsdruckerei werden hier mehr als 750 Millionen Briefmarken gedruckt. Im Laufe der Zeit wird das Verfahren zur Herstellung von Postwertzeichen weiterentwickelt und schrittweise automatisiert. Heute gibt es High-Tech-Maschinen, die Postwertzeichen im Sechs-farben-Offsetdruck produzieren.

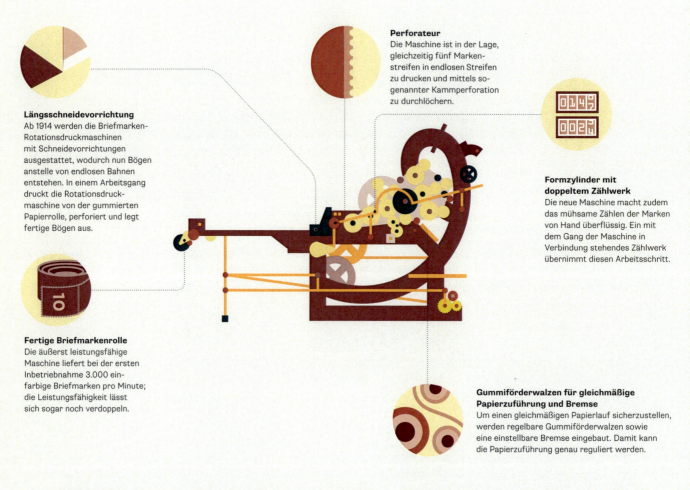

Perforateur
Die Maschine ist in der Lage, gleichzeitig fünf Marken-streifen in endlosen Streifen zu drucken und mittels so-genannter Kammperforation zu durchlöchern.

Längsschneidevorrichtung
Ab 1914 werden die Briefmarken-Rotationsdruckmaschinen mit Schneidevorrichtungen ausgestattet, wodurch nun Bögen anstelle von endlosen Bahnen entstehen. In einem Arbeitsgang druckt die Rotationsdruck-maschine von der gummierten Papierrolle, perforiert und legt fertige Bögen aus.

Formzylinder mit doppeltem Zählwerk
Die neue Maschine macht zudem das mühsame Zählen der Marken von Hand überflüssig. Ein mit dem Gang der Maschine in Verbindung stehendes Zählwerk übernimmt diesen Arbeitsschritt.

Fertige Briefmarkenrolle
Die äußerst leistungsfähige Maschine liefert bei der ersten Inbetriebnahme 3.000 ein-farbige Briefmarken pro Minute; die Leistungsfähigkeit lässt sich sogar noch verdoppeln.

Gummiförderwalzen für gleichmäßige Papierzuführung und Bremse
Um einen gleichmäßigen Papierlauf sicherzustellen, werden regelbare Gummiförderwalzen sowie eine einstellbare Bremse eingebaut. Damit kann die Papierzuführung genau reguliert werden.

FRÜHER

Zur Herstellung von Briefmarken werden bis 1890 Handpressen verwendet, wobei die Druckfarbe per Hand auf die Walze aufgetragen werden muss. Danach kommen anstelle der Handpressen Schnellpressen zum Einsatz, aus-gelegt als »Zweitourenbauart mit mechanischer Papiereinführung und Entnahme«. Doch dies reicht bald nicht mehr aus, um dem Bedarf gerecht zu werden.

Ein Mitarbeiter der Reichsdruckerei, der Bauinspektor Dr. Georg Nicolaus, ist 1911/12 maßgeblich daran beteiligt, die erste Briefmarkenrotationsmaschine – ähnlich der hier stilisiert dargestellten Maschine – zu entwickeln. Die Gandenbergersche Maschinenfabrik baut das weltweit erste Modell im Auftrag der Reichsdruckerei und liefert es 1912 aus: eine echte Innovation, denn die Maschine kann »ohne Bildunterbrechung« drucken, was den Produktionsprozess erheblich vereinfacht.

HEUTE

Postwertzeichen werden schon lange im Offsetdruckverfahren hergestellt und sind mit zahlreichen Sicherheitsmerkmalen versehen. Im Vergleich zu den Anfängen ist es heute auch keine Herausforderung mehr, Briefmarken in großer Stückzahl zu produzieren.

Sechs Druckwerke
Während die Briefmarken früher nur in einer Farbe gedruckt wurden, kommen heute in der Regel sechs Druckwerke zum Einsatz (Sechsfarbendruck). Dies ermöglicht eine deutlich größere Motivvielfalt.

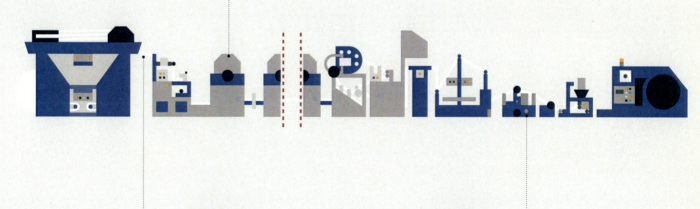

Papierbahn
Wie bereits vor einem Jahrhundert wird zum Drucken der Postwertzeichen eine Papierbahn verwendet. Da heute zwischen Auf- und Abwicklung des Druckpapiers wesentlich mehr Arbeitsschritte erledigt werden, liegt die Strecke der Papierbahn bei fast 40 Metern. Früher waren nur wenige Meter möglich.

Schleifperforation
Die Briefmarkendruckmaschine verfügt über eine sogenannte integrierte rotative Schleifperforation. Damit werden die gezackten Ränder der Briefmarke ausgefräst, was im Vergleich zu früheren Produktionsmöglichkeiten wesentlich präziser und schneller geht.

Kapitel 5

Das vereinte Deutschland

1989 bis 2004

Auftragsboom im wiedervereinigten Deutschland

In den Ostblockstaaten protestieren seit Mitte der 1980er-Jahre immer mehr Bürger gegen fehlende politische Freiheit und eine zunehmend schlechte Wirtschaftslage. Reformen in der Sowjetunion machen schließlich den Weg zur Demokratisierung frei. Als Ungarn 1989 seine Grenzen zu Österreich öffnet, ergreifen zahlreiche DDR-Bürger die Chance, in den Westen zu gehen. Am 9. November 1989 fällt schließlich die Berliner Mauer. Im Mai 1990 vereinbaren die Bundesrepublik Deutschland und die DDR eine Wirtschafts-, Währungs- und Sozialunion, die am 1. Juli in Kraft tritt. Am 3. Oktober erfolgt schließlich der offizielle Beitritt der DDR zur Bundesrepublik. Nach 40 Jahren Trennung sind beide Staaten wiedervereinigt. Hauptstadt wird Berlin.

Die Ereignisse der Jahre 1989/90 wirken sich auch auf die Bundesdruckerei aus. Der Betrieb in Berlin-Kreuzberg liegt plötzlich mitten im politischen Zentrum der Republik und die Auftragslage zieht merklich an. Zunächst sind Reisepässe stark gefragt. Diese benötigen Bundesbürger bis zur Wiedervereinigung, um in den Ostteil Deutschlands reisen zu können. Nach dem 3. Oktober 1990 stattet die Bundesdruckerei 16 Millionen Bürger aus der ehemaligen DDR mit neuen Identitätsdokumenten aus.[1] DDR-Ausweise sind zwar noch bis Ende 1995 gültig, einige davon laufen aber bereits vorher ab. Zudem beantragen viele Bürger direkt nach dem Ende der deutschen Teilung ein neues Identitätsdokument.

Am 1. Juli 1990 führt die Deutsche Bundesbank neue DM-Banknoten ein. Der Beschluss dazu war bereits im Vorfeld der Wiedervereinigung gefallen. Den von der Bundesbank ausgeschriebenen Wettbewerb zur Gestaltung der neuen Scheine gewinnt der Bundesdruckerei-Grafiker Reinhold Gerstetter. Den Auftrag für die Herstellung erhalten die Bundesdruckerei sowie die Privatdruckerei Giesecke & Devrient. Der 200-Mark-Schein, der in der Bundesdruckerei produziert wird und mit modernsten Sicherheitsmerkmalen ausgestattet ist, wird am 1. Oktober 1990 als erster in Umlauf gebracht.[2] Nach der Währungsunion steigt das Druckaufkommen für Banknoten wesentlich, denn es muss zusätzlich auch für die neuen Bundesländer produziert werden.[3]

Ost- und Westdeutsche feiern gemeinsam am Brandenburger Tor den Fall der Berliner Mauer.

1989 fällt am 9. November die Berliner Mauer. Das Ereignis markiert das Ende des »Eisernen Vorhangs« und des Ost-West-Konflikts.

Die gute Auftragslage beschert der Bundesdruckerei Rekordumsätze: 1990 erzielt sie mit knapp 590 Millionen DM »das bisher beste Umsatzergebnis« in ihrer Geschichte.[4] Ein Jahr später wird es sogar noch übertroffen. 1991 liegt der Umsatz bei rund 660 Millionen DM.[5] Zudem wird mit 14,8 Millionen hergestellten Personaldokumenten ein Höhepunkt der Produktion erreicht.[6] Auch die Anzahl der Mitarbeiter steigt: 1990 beschäftigt die Bundesdruckerei durchschnittlich 4.700 Personen im Vergleich zu 4.000 Mitarbeitern im Jahr 1989.[7]

Einstieg in die Chipkarten-Technologie

Dass der Boom von 1989/90 nicht ewig anhalten wird, ist den Verantwortlichen der Bundesdruckerei bewusst. Im Geschäftsbericht von 1991 heißt es: »... das Umsatzwachstum der letzten Jahre wird sich keinesfalls fortsetzen. Nach Abschluss der Erstausstattung der Bürger der neuen Bundesländer mit Produkten der Bundesdruckerei ist mit einem erheblichen Umsatzrückgang zu rechnen.«[8] Um die absehbaren Folgen abzumildern, ergreift die Bundesdruckerei bereits 1991 Maßnahmen zur Kostensenkung. Sie hofft, so ihre Preise reduzieren und damit auf dem europäischen Markt konkurrenzfähig bleiben zu können.[9]

Zeitgleich werden erste Grundsteine für ein umfassenderes Produktportfolio gelegt. 1992 gründet sie zusammen mit der Preussag AG die UNIQA-Chipkartensysteme GmbH, die ein Jahr später die in Paderborn ansässige ORGA-Kartensysteme GmbH zukauft.[10] Somit ist nun auch die moderne Chipkarten-Technologie Teil des Angebots und die Bundesdruckerei erschließt den Markt für Telefon-, Krankenversicherungs-, Mobilfunk- und ec-Bankkarten sowie für Zugangskontrollen. Ob »die kleinen, handlichen Kärtchen allerdings auch unseren Personalausweis ablösen werden« erscheint 1993 noch »äußerst fraglich«, heißt es im Mitarbeitermagazin.[11]

Umwandlung in eine privatrechtliche Gesellschaft

In den folgenden Jahren gewinnt der Bereich der Dokumentenproduktion zunehmend an Bedeutung für die Bundesdruckerei. Ziel ist es, weitere – auch internationale – Märkte auf diesem Gebiet zu erschließen. Dennoch verschlechtert sich ab Ende 1991 die wirtschaftliche Lage der Bundesdruckerei. Aufträge und Umsatz gehen zurück, weil der Bedarf an Ausweisen, Pässen und Banknoten in Deutschland vorerst gedeckt ist.[12] 1992 sinken die Umsätze auf cirka 570 Millionen DM.[13] 1993 sind es nur noch 490 Millionen DM. Das schlechteste Ergebnis erwirtschaftet die Bundesdruckerei in der ersten Hälfte des Geschäftsjahres 1994 mit einem Umsatz von 206 Millionen DM.[14] Sie verbucht Verluste in Höhe von 59 Millionen DM.[15] »Die negativen Rahmenbedingungen des gesamten Druckereigewerbes, wie die vorhandenen Überkapazitäten und eine erkennbar schrumpfende Nachfrage nach Druckerzeugnissen, führten in Verbindung mit der kaum verbesserten gesamtwirtschaftlichen Lage in diesem Wirtschaftsbereich zu drastischen Preiseinbrüchen«, heißt es dazu im Geschäftsbericht.[16]

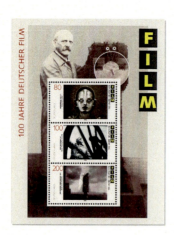

1995 produziert die Bundesdruckerei die Sonderbriefmarke »100 Jahre Deutscher Film«.

1993 stellt die Bundesdruckerei die **Banknotenproduktion** in der Niederlassung Neu-Isenburg vollständig ein. Grund dafür: Nach der Erstausstattung der neuen Bundesländer mit Banknoten gehen die Aufträge zurück. Künftig produziert die Bundesdruckerei Geldscheine ausschließlich in Berlin.

Die Bundespost stellt 1993 das **Postleitzahlen-System** um. Mit der Satzherstellung des entsprechenden Verzeichnisses beauftragt sie die Bundesdruckerei. Das Nachschlagewerk umfasst knapp 1.000 Seiten und hat eine Auflage von 40 Millionen Exemplaren.

Bevor die Banknoten die Bundesdruckerei verlassen, werden sie noch einmal einer Sicht-kontrolle unterzogen (um 1992).

1991 erklären die Teilrepubliken Slowenien und Kroatien ihre Unabhängigkeit. Damit beginnt der Zerfall Jugoslawiens, der von mehreren Bürgerkriegen überschattet wird.

Blick vom Gelände der Bundesdruckerei auf den Berliner Fernsehturm.

1994

ermöglicht die Einführung des frei
zugänglichen Internet-Browser Netscape
Navigator die Internet-Revolution.

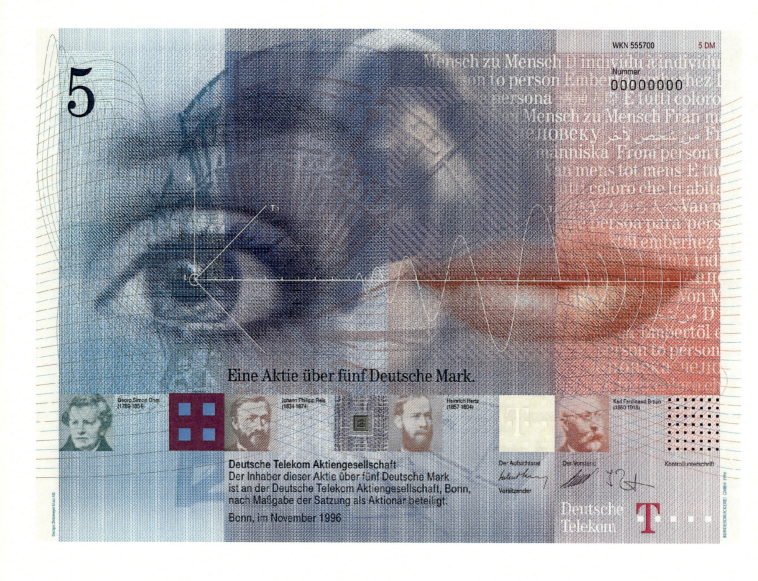

BILD OBEN: *Telekom-Aktie von 1996.*

BILD LINKS: *Dr. Wolfgang Bötsch, Bundesminister für Post und Telekommunikation, (links) und Präsident Rüdiger Bock (rechts) bei der Pressekonferenz anlässlich der Umwandlung der Bundesdruckerei in eine GmbH zum 1. Juli 1994.*

1996

kommt in Großbritannien das Schaf Dolly als erstes geklontes Säugetier zur Welt. Die Debatte um ethische Aspekte der Gentechnik bekommt eine neue Dynamik.

1997 tanzen mehr als eine Million Menschen am 12. Juli auf der Loveparade in Berlin. Die Techno- und Ravekultur drückt das Lebensgefühl einer ganzen Generation aus. Mit ihrem schrillen Auftreten und dem Konsum chemischer Drogen sorgen die Teilnehmer für Aufsehen.

Mitte der 1990er-Jahre wird die Privatisierung der Bundesdruckerei erneut diskutiert. Bereits 1988/89 hatte der Bundesrechnungshof angemahnt, »dass die Führung eines Industriebetriebs (Bundesdruckerei) in Behördenform nicht adäquat sei.«[17] 1990 kam zudem ein von Bundespostminister Christian Schwarz-Schilling in Auftrag gegebenes Gutachten zu dem Ergebnis, dass die Umwandlung der Bundesdruckerei in eine Gesellschaft mit beschränkter Haftung (GmbH) ratsam sei.[18] Um den Betrieb dynamischer und flexibler zu gestalten, folgt das Bundeskabinett schließlich der Empfehlung und beschließt, die Bundesdruckerei zum 1. Juli 1994 in eine GmbH umzuwandeln. Der Bund hält zunächst 100 Prozent der Anteile, das Unternehmen bleibt damit weiterhin in seinem Alleineigentum und dem Bundesministerium für Post und Telekommunikation zugeordnet.[19] Geplant ist, nach einer Frist von fünf Jahren private Gesellschafter an der Bundesdruckerei zu beteiligen.[20] Aus Gründen der Sicherheit soll der Bund jedoch dauerhaft mindestens 51 Prozent der Gesellschaftsanteile halten.[21]

Von der Umwandlung in eine GmbH erhofft man sich mehr unternehmerischen Handlungsspielraum – insbesondere bei der Investitionspolitik.[22] In den Folgejahren gilt es, die »Marktpräsenz der Bundesdruckerei als privatwirtschaftlich organisiertes und wettbewerbsorientiertes Unternehmen erfolgreich zu erweitern und auszubauen.«[23] Um das zu erreichen, wird Rüdiger Bock, der seit 1990 das Unternehmen führt, Ernst-Theodor Menke als Arbeitsdirektor zur Seite gestellt. Dieser verfügt über langjährige Erfahrungen in der Privatwirtschaft. 1996 beschäftigt die Bundesdruckerei nur noch knapp 2.500 Mitarbeiter – drei Jahre zuvor lag die Mitarbeiterzahl im Vergleich dazu bei rund 3.600.[24] In einem Extra-Blatt der Mitarbeiterzeitung »Bundesdruckerei aktuell« begründet Rüdiger Bock die Kündigungen mit Auftragsrückgängen und den Herausforderungen einer marktgerechten Preisgestaltung.[25]

Bereits im Geschäftsjahr 1995 erholt sich die wirtschaftliche Lage der Bundesdruckerei. Die Umsätze steigen auf 417 Millionen DM. Zudem weist die Bilanz einen Gewinn von 1,9 Millionen DM auf.[26] Zurückzuführen ist dies zum einen auf die mit dem Personalabbau verbundenen Einsparungen und der Erhöhung der Produktivität, zum anderen verbessert sich die Auftragslage. Viele Bürger der ehemaligen DDR bestellen neue Personalausweise und Reisepässe, da die Gültigkeitsdauer ihrer Identitätsdokumente am 31. Dezember 1995 ausläuft.[27]

1993 wird die Bundesdruckerei umstrukturiert. Es entsteht eine sogenannte **Spartenorganisation,** die das Unternehmen nicht mehr nach Arbeitsschritten sondern Produkten strukturiert. Ziel ist es, Kundenorientierung und Markttransparenz des Unternehmens zu optimieren und damit die Voraussetzungen für eine höhere Flexibilität und Leistungsfähigkeit zu schaffen.

*Der Rohbau für den
»Künstlerturm«,
in dem künftig die
Grafiker, Kupferstecher
und Guillocheure
sitzen sollen.*

Mitte der 1990er-
Jahre umfasst die
Produktpalette der
Bundesdruckerei neben
Identitätsdokumenten,
Briefmarken und Banknoten
auch Aktien, Inhaberschuld-
verschreibungen, Grund-
pfandbriefe, EC-Schecks
sowie Postsparbücher. Die
Niederlassung der
Bundesdruckerei in Bonn
stellt Regierungs- und
Parlamentsdrucksachen
sowie Drucksachen für
Behörden her.

Kompetenzausbau und Digitalisierung

Unter Federführung von Rüdiger Bock und Ernst-Theodor Menke setzt die Bundesdruckerei ihren Expansionskurs fort. Die gute finanzielle Lage erlaubt es, Investitionen in die Zukunft zu tätigen. Ende 1996 nimmt das Unternehmen am Berliner
Standort ein neues Gebäude für die Banknotenfertigung in Betrieb. In diesem
befindet sich der modernste und größte Tresor aller europäischen Industrieunter-
nehmen.[28] Um ihre Kompetenzen für Produkte zur Dokumentensicherheit auszubauen, erwirbt die Bundesdruckerei im gleichen Jahr die Mehrheit an der Holographic Systems München GmbH. Sie sichert sich damit das Know-how auf dem
Gebiet der Holografie und Optoelektronik – beides Verfahren, die bei der Entwicklung von Hologrammen für den Personalausweis oder Reisepass von Bedeutung
sind.[29] 1997 beteiligt sich die Bundesdruckerei zudem mit 91 Prozent an der Maurer
Electronics GmbH, einem Spezialisten für elektronische und feinmechanische
Geräte zur fälschungssicheren Personalisierung von Identitätsdokumenten.

Ab 1997 stellt die Bundesdruckerei die Produktion von Pässen und Personalausweisen auf digitale Verfahren um.[30] Fortan müssen die von den Kommunen
übersandten Personalausweisanträge nicht mehr in Papierform den gesamten Produktionsprozess begleiten. Stattdessen werden die Daten maschinell eingelesen, in
einer Datenbank gespeichert und für den jeweiligen Herstellungsschritt abgerufen.[31]
Zudem werden Fotos ab sofort in Farbe produziert.[32] Aufgrund weiterer Moder-
nisierung des Druckverfahrens fertigt die Bundesdruckerei täglich bis zu 70.000
Personaldokumente, die sie an 6.500 Meldebehörden in ganz Deutschland aus-
liefert.[33] Im gleichen Jahr erhält die Bundesdruckerei den Auftrag zur Herstellung
der deutschen Ausgabe des europäischen Führerscheins – mitsamt dem erforderlichen logistischen Management. Das Unternehmen produziert den Führerschein
im Kartenformat und liefert ihn bereits ein Jahr später aus.[34]

Die fortschreitende Digitalisierung macht sich auch im Alltag bemerkbar:
Zunehmend verlagern Unternehmen, Behörden sowie Privatpersonen geschäftliche
Prozesse ins World Wide Web. Die Bundesdruckerei erkennt, dass damit besondere
Anforderungen an die Sicherheit verbunden sind. 1998 gründet sie deshalb gemein-
sam mit der Debis-Systemhaus GmbH das erste akkreditierte deutsche Trustcenter:
D-TRUST. Als Zertifizierungsdiensteanbieter unterstützt das Tochterunternehmen
Kunden bei der Entwicklung von Authentifizierungsmöglichkeiten für die digitale
Welt und stellt so sicher, dass nur Berechtigte Zugang zu digital gespeicherten Daten
haben. Beide Partner halten je 50 Prozent an der D-TRUST GmbH.[35]

Ausbau des Auslandsgeschäfts

Ende der 1990er-Jahre engagiert sich die Bundesdruckerei verstärkt im Ausland. Ziel ist es, global zu agieren und den internationalen Markt mit ID-Produkten zu bedienen. Zur Betreuung von Großprojekten im Ausland gründet das Unternehmen 1997 die BIS Bundesdruckerei International Services GmbH. Sie organisiert den Vertrieb von Personaldokumenten auf internationaler Ebene. Mit Erfolg: In den Folgejahren produziert die Bundesdruckerei unter anderem moderne Identitätsdokumente für Bosnien-Herzegowina, die palästinensische Autonomiebehörde, Lettland, die Schweiz, den Kosovo und Zypern. Zudem fertigt das Unternehmen Führerschein-Karten für Island sowie Pässe für Albanien und Rumänien.[37] Druckaufträge für Banknoten kommen aus Estland und Luxemburg.[36]

Seit Mitte der 1990er Jahre werden auch Patente digitalisiert und auf CD-Rom veröffentlicht.

1998 beginnt der Bau der internationalen Raumstation ISS. Damit treiben die beteiligten Nationen – darunter die USA und Russland – die friedliche, internationale Zusammenarbeit bei der Erkundung des Weltraums voran.

Die Bundesdruckerei
erhält bereits 1999 den
Auftrag, gemeinsam mit der
Privatdruckerei Giesecke &
Devrient die geplanten
Euro-Banknoten zu
drucken. Der Euro wird am
1. Januar 1999 als Buchgeld
eingeführt – drei Jahre
später, am 1. Januar 2002,
als Bargeld.

1998
wird Gerhard Schröder Bundeskanzler. Damit
endet die Ära Kohl. Die Sozialdemokraten
übernehmen die Regierungsgeschäfte – zusammen
mit den Grünen, die das erste Mal in der
Bundesregierung vertreten sind.

Turbulente Zeiten

Zu Beginn des ersten Jahrzehnts im neuen Jahrtausend versetzen einschneidende Ereignisse die Welt in Aufruhr. Bei den Terroranschlägen der Al Quaida am 11. September 2001 auf das World Trade Center in New York kommen mehr als 3.000 Menschen ums Leben. Weltweit werden die Maßnahmen zur Terrorismusbekämpfung verstärkt. Sicherheitspolitiker fordern unter anderem, Reise- und Identitätsdokumente fälschungssicherer zu machen. Währungspolitisch bricht ebenfalls ein neues Zeitalter an: Der Euro wird am 1. Januar 2002 offiziell in Deutschland und elf weiteren Staaten der Europäischen Union als Zahlungsmittel eingeführt. Er löst die nationalen Währungen in der Eurozone ab.

Auch für die Bundesdruckerei stehen tiefgreifende Veränderungen an, die das Unternehmen nachhaltig prägen werden. Bereits Ende der 1990er-Jahre hatte der Bund in Fortsetzung seiner jahrelangen Privatisierungspolitik mehrere Unternehmen mit Bundesbeteiligung an private Investoren verkauft.[37] Im Zuge der bereits Ende der 1980er-Jahre eingeleiteten Postreformen, die u. a. zur Gründung der Deutschen Telekom AG, Deutschen Postbank AG und Deutschen Post AG sowie deren Platzierung an der Börse führten, wurde das Bundesministerium für Post und Telekommunikation zum 1. Januar 1998 aufgelöst. Die Zuständigkeit für die Bundesdruckerei wurde auf das Bundesministerium der Finanzen übertragen, das über den für 1999 geplanten Verkauf von Anteilen der Bundesdruckerei entscheiden muss. Im Gegensatz zum ursprünglichen Beschluss, nur 49 Prozent in private Hände zu geben, entscheidet man nun, den gesamten Anteil des Bundes an der Bundesdruckerei-Gruppe zu veräußern.

Anfang des Jahres 2000 leitet das Bundesministerium der Finanzen das Verkaufsverfahren ein.[38] Die Verkaufspläne stoßen insbesondere bei den Mitarbeitern der Bundesdruckerei auf Ablehnung, die um ihre Jobs fürchten. Sie protestieren deshalb gegen den geplanten Verkauf ihres Unternehmens.[39] Auch die Presse greift die Proteste auf. So schreibt die Berliner Zeitung: »Die Beschäftigten haben Angst um ihren Arbeitsplatz, und Kreuzbergs Kommunalpolitiker befürchten, in der ohnehin schon geschwächten Region einen weiteren großen Arbeitgeber zu verlieren.«[40]

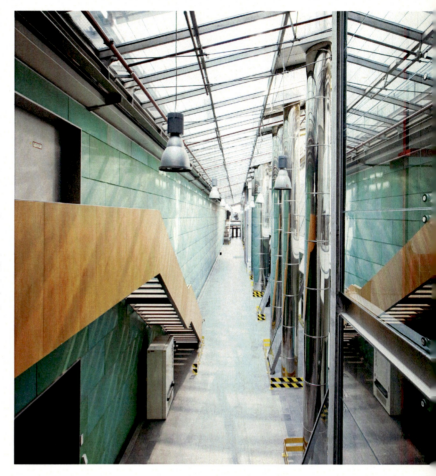

BILD OBEN: *Die Euro-Banknoten ab 2002.*

BILD RECHTS: *Durch das gläserne Dach ist das Innere des Neubaus von 1996 in der Kommandantenstraße lichtdurchflutet.*

Verkauf an Investorengruppe

Der im Rahmen des Veräußerungsverfahrens durchgeführte Bieterprozess endet im November 2000 mit dem Zuschlag an die APAX Partners Private Equity.[41] Die britisch-amerikanische Investorengruppe legt Fonds auf und investiert in Unternehmen mit hohem Wachstumspotenzial – unter anderem im Technologie-Sektor. APAX erwirbt die Bundesdruckerei mitsamt ihren Tochtergesellschaften.[42] Zur Unternehmensgruppe gehören: BIS Bundesdruckerei International Services, ORGA Kartensysteme, Holographic Systems München, Maurer Electronics, D-TRUST und iNCO, eine polnische Tochterfirma.[43] Auf die ORGA, die auf das SIM-Kartengeschäft für Mobiltelefone spezialisiert ist, setzt die Investorengruppe dabei besonders große Hoffnungen bei Umsatz- und Ertragsentwicklung.

Als Zweckgesellschaft für den Kauf gründet APAX die authentos GmbH: Als Holding ist sie Dachgesellschaft für die Bundesdruckerei sowie ihre Tochtergesellschaften.

Das polnische Unternehmen **iNCO Spółka z o.o.** wird 2004 zu einer hundertprozentigen Tochter der Bundesdruckerei. Es ist auf die Digitalisierung von Dokumenten sowie elektronische Archivierung spezialisiert. Ein wichtiger Auftraggeber ist u. a. das Deutsche Patent- und Markenamt – das bereits seit 1879 Kunde der Reichs- und später Bundesdruckerei ist.

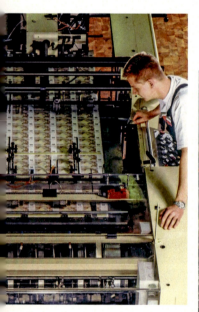

BILD OBEN: *Mittels des Stichtiefdruckverfahrens erhalten die Euro-Banknoten ein fühlbares Relief.*
BILD LINKS: *Jeder Arbeitsschritt in der Banknoten-produktion wird aufmerksam geprüft.*

*Die Fassade der Bundesdruckerei, aufgenommen
von der Kommandantenstraße.*

2002 fordert im August die »Jahrhundert-Flut« in Sachsen und Sachsen-Anhalt 20 Todesopfer. Es entsteht ein Sachschaden in Höhe von 9,2 Milliarden Euro.

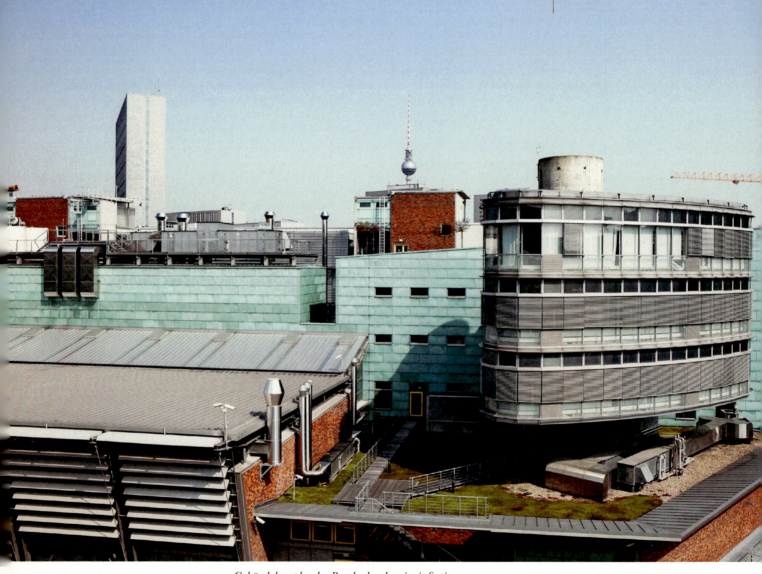

Gebäudekomplex der Bundesdruckerei mit fertig-gestelltem »Künstlerturm«. Im Hintergrund ist der Berliner Fernsehturm zu sehen.

Neue Strukturen

Die Tätigkeitsfelder der neuen Unternehmensgruppe sind in vier »Divisionen« unterteilt: Identifikationssysteme, Zugangssysteme, Wertdruck/Produktschutz und Publishing (elektronische Publikationen).[44] Zunächst kann die Bundesdruckerei ihre Position am Markt festigen – unter anderem durch die Entwicklung innovativer Sicherheitsmerkmale sowie neuer Produkte und Dienstleistungen zum Schutz vor Produktpiraterie.[45] Ziel der Unternehmensleitung ist es, die Gruppe zu einem »Authentifizierungskonzern« auszubauen:[46] Produkte der Bundesdruckerei sollen dazu beitragen, Identitätsdokumente sicher und zuverlässig zu prüfen.[47]

Diesen Ausbau des ID-Sicherheitsbereichs markiert unter anderem der Zukauf der Security Printing and Systems Ltd. (SPS), die hauptsächlich den britischen Pass produziert.[48] Darüber hinaus erhofft sich die authentos von künftigen Entwicklungen zu profitieren: Zur Zeit des Erwerbs gibt es zwar keinen Ausweis in Großbritannien, aber Pläne für die Einführung einer Ausweispflicht. Aufgrund der Erfahrungen der SPS bei der Passproduktion rechnet man unter anderem damit, auch den Auftrag für die Produktion von möglichen Personalausweisen zu erhalten.

Unter neuer Leitung arbeitet die privatisierte Bundesdruckerei weiter am Ausbau ihres Produktportfolios. Nach den Terroranschlägen des 11. September 2001 wird im November desselben Jahres erstmalig das neue Sicherheitselement Identigram® in deutsche Personaldokumente integriert. Es gibt Teile der Passkarte holografisch wieder: neben dem Bundesadler auch das Lichtbild des Dokumenteninhabers in stilisierter Form sowie die maschinenlesbare Zone. Zusätzlich hat das Identigram® eigene Sicherheitsmerkmale wie kinematische Strukturen (Bewegungsstrukturen), die über dem Lichtbild angebracht sind und je nach Perspektive verschiedene Darstellungen zeigen. Damit verfügen deutsche Identitätsdokumente über einzigartige Sicherheitsmerkmale und zählen zu den sichersten der Welt.[49]

Massive Wettbewerbsnachteile

Trotz Anfangserfolgen gerät die authentos-Gruppe schon bald nach der Übernahme durch APAX in eine Schieflage.

Die Synergien zwischen Bundesdruckerei, ORGA und SPS lassen sich nicht wie erwartet heben. Szenarien zur künftigen Geschäftsentwicklung waren zu optimistisch gezeichnet und halten der Realität nicht stand – so setzt sich beispielsweise in Großbritannien die geplante Ausweispflicht nicht durch, womit der für die SPS erhoffte Auftrag zur Produktion von britischen Personalausweisen ausbleibt. Die Kredite, die APAX für den Kauf der Bundesdruckerei aufgenommen hat, müssen ebenso wie die dazugehörigen Zinsen aus den Erträgen der operativen Gesellschaften bedient werden. Dies wird angesichts der negativen Geschäftsentwicklung auf den relevanten Märkten nahezu unmöglich. Besonders dramatisch für das Unternehmen ist der Einbruch auf dem Telekommunikationsmarkt 2001. Während ORGA noch im Jahr 2000 mit einem Umsatzplus von 40 Prozent das stärkste Wachstum innerhalb der Unternehmensgruppe verzeichnete,[50] erzielt das Unternehmen 2001 nur noch rund 215 Millionen Euro Umsatz (mehr als 24 Prozent unter Vorjahr).[51]

Schlussendlich führen die finanziellen Belastungen und die Marktentwicklung dazu, dass die authentos-Gruppe das erste volle Geschäftsjahr mit einem Fehlbetrag von nahezu einer halben Milliarde Euro abschließt.[52]

Drohende Insolvenz

Im Frühsommer 2002 schließlich steht die authentos-Gruppe kurz vor der Insolvenz: Es ist abzusehen, dass sie ihre Kredite und Zinsen künftig nicht mehr bedienen kann. Als Folge dessen wird die internationale Beratungsgesellschaft Clifford Chance mit eingebunden.[53] Das Mandat, später unmittelbar von authentos erteilt, betreut seinerzeit der Partner Heinz-Günter Gondert. Gemeinsam mit Banken und Bund kommen die Berater zu dem Ergebnis, dass zunächst APAX seine Beteiligung aufgeben müsse, um die drohende Insolvenz abzuwenden. Außerdem sei ein neuer Eigentümer zu finden, der die authentos-Gruppe restrukturieren und sanieren solle.[54]

Clifford Chance empfiehlt zwei Vermögensverwaltungsgesellschaften als neue Eigentümer.[55] Sie sollen die Restrukturierung und Sanierung durchführen und sobald wie möglich die authentos-Gruppe oder deren einzelne Tochtergesellschaften wieder am Markt veräußern.

In dieser Phase kommt Heinz-Günter Gondert eine herausragende Rolle zu. Zeitzeugen bescheinigen dem Juristen großes unternehmerisches Geschick: Er formuliert eine Vision für die Bundesdruckerei – nämlich aus ihr ein Hochtechnologie-Unternehmen zu machen.[56] Vor diesem Hintergrund entwickelt er das Restrukturierungmodell und sorgt dafür, dass die nötigen Schritte zügig umgesetzt werden. Somit kann sich die kurz vor der Insolvenz stehende authentos-Gruppe samt Bundesdruckerei wieder erholen.

Im September 2002 verkauft APAX die authentos an die JFVVG Neununddreißigste Vermögensverwaltungsgesellschaft mbH (94 Prozent der Anteile) sowie die DINOS Vermögensverwaltung GmbH (6 Prozent der Anteile).[57] Im Mai 2002 verkauft authentos die Bonner Niederlassung der Bundesdruckerei.[58] Am 1. Januar 2003 trennt sich die Unternehmensgruppe zusätzlich von der Niederlassung Neu-Isenburg, behält jedoch zunächst 49 Prozent der Anteile.[59] Die ORGA verkauft sie am 31. März 2003.[60] Dies ist der bedeutendste Meilenstein bei der Sanierung des Unternehmens. Heinz-Günter Gondert, seit dem 15. Januar 2003 Aufsichtsratsvorsitzender der authentos und der Bundesdruckerei, bereitet die Transaktion mit vor und sorgt für die Zustimmung in den Aufsichtsgremien. ◆

2003

verkündet Bundeskanzler Gerhard Schröder im Rahmen seiner Regierungserklärung am 14. März die Agenda 2010.

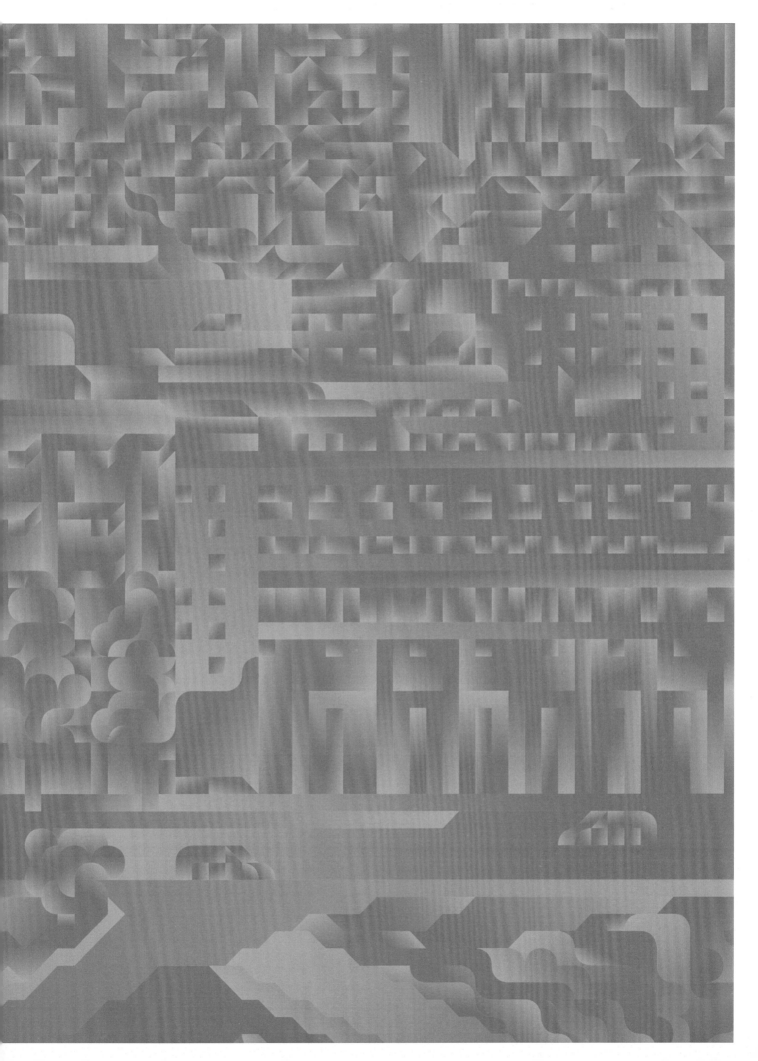

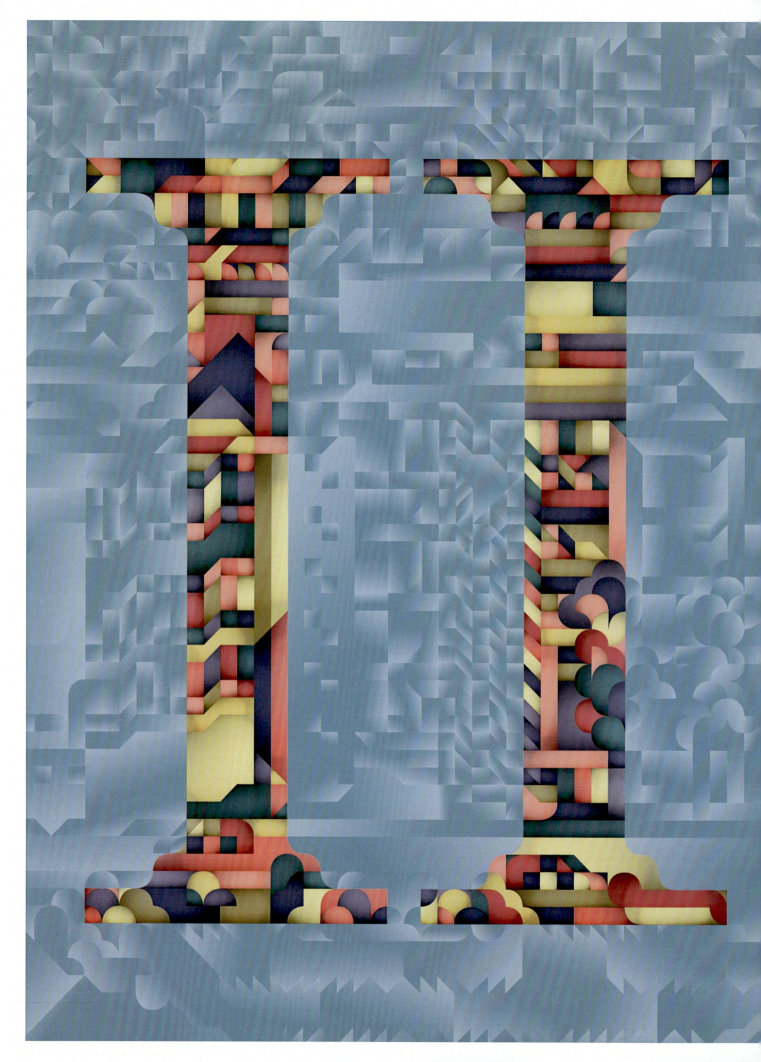

Teil II

Sicherheit
Die Bundesdruckerei heute

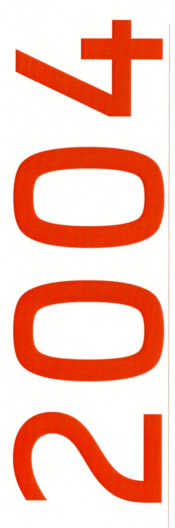

Kapitel 6

Vom Wertdrucker zum modernen Hochsicherheitsunternehmen

Am 1. Februar 2004 tritt Ulrich Hamann in die Geschäftsführung der authentos und in die der Bundesdruckerei ein. Der ausgewiesene Spezialist für sichere Identitäten und mobile Kommunikation war zuvor in unterschiedlichen Positionen bei Siemens tätig, wechselte 1999 zu Infineon und verantwortete dort zuletzt den Geschäftsbereich Secure Mobile Solutions.[1]

Der im Herbst 2002 angetretene Ulrich Wöhr scheidet im Februar 2004 als Geschäftsführer der authentos sowie der Bundesdruckerei aus. Ab dem 9. September 2004 ist Hamann Sprecher der Geschäftsführung der Bundesdruckerei, am 26. April 2006 übernimmt er deren Vorsitz.[2]

Hamann und sein Managementteam analysieren die Situation des Unternehmens und präsentieren dem Aufsichtsrat innerhalb weniger Monate eine Strategie für die künftige Ausrichtung des Unternehmens - weg vom Wertdruck hin zu einem Full-Service-Anbieter für »Sichere Identität«.[3]

DER WEG ZUM ZIEL

Um die Bundesdruckerei neu zu positionieren und möglichst rasch wettbewerbsfähig zu machen, werden vier strategische Handlungsfelder definiert, deren Entwicklung in den Folgejahren konsequent vorangetrieben wird:[4]

Unternehmen

Die etablierten behördlichen Strukturen sollen konsequentem Unternehmertum und einer stärkeren Dienstleistungsorientierung weichen. Hierfür gilt es, die angedachte funktionale Organisation, die bisher nur auf dem Papier existierte, auch zügig in der Realität umzusetzen. Darüber hinaus werden qualifizierte Spezialisten am Markt akquiriert und schrittweise ein Wandel in der Unternehmenskultur eingeleitet.

Internationalisierung

Das im Inland unter Beweis gestellte Know-how soll die Bundesdruckerei künftig stärker nutzen, um sich auch weltweit als verlässlicher Partner für Lösungen und Produkte im Bereich »Sichere Identität« zu positionieren und interessante neue Wachstumsmärkte in Osteuropa, Nahost und Asien zu erschließen.

Partnerschaften

Um den technologischen Fortschritt auf dem Feld der sicheren Identitäten voranzutreiben und gute Ideen zu marktfähigen Branchenlösungen zu machen, soll die Bundesdruckerei mit Forschungsinstituten und anderen Unternehmen kooperieren. Ziel ist es auch, die Bedeutung sicherer Identitäten im Bewusstsein der Öffentlichkeit zu verankern.

Innovationen

Wie für Hightech-Unternehmen üblich, soll eine Innovationsabteilung aufgebaut werden, in der unter anderem Kryptologen, Physiker und Innovationsmanager an ganzheitlichen Ansätzen für das komplexe Management sicherer Identitäten arbeiten. Das Team wird - auch gemeinsam mit den Partnern in Forschung und Wissenschaft - Lösungs- und Produktideen entwickeln, die auf dem internationalen Markt Zeichen setzen.

Im zweiten Teil der vorliegenden Unternehmenschronik werden Meilensteine in diesen vier Handlungsfeldern im Überblick dargestellt. Sie haben das Unternehmen zu dem gemacht, was es heute ist. Ein Innovationstreiber für Full-ID-Management, also für ein umfassendes Identitätsmanagement entlang der gesamten Prozesskette: von der Datenerfassung, über die sichere Übermittlung der Daten, die Produktion der Dokumente bis hin zur Echtheitsprüfung sowie Online-Nutzung. Seit Oktober 2009 ist wieder die Bundesrepublik Deutschland - vertreten durch das Bundesministerium der Finanzen - alleinige Gesellschafterin der Bundesdruckerei. Der privatrechtliche Status des Unternehmens bleibt erhalten.

Ein zukunftssicheres Unternehmen

Dank schlankerer Prozesse, klarer Verantwortlichkeiten und Investitionen in innovative Technologien nimmt die Bundesdruckerei in kurzer Zeit wieder Fahrt auf. Heute ist sie gut gerüstet für die Herausforderungen des 21. Jahrhunderts.

21. September 2004

NEUE ZIELE

Die Bundesdruckerei feiert ihr 125. Jubiläum. Dabei bezieht sie sich auf die Gründung der Reichsdruckerei im Jahre 1879. Die Geschäftsführung nimmt die Feier zum Anlass, um die Ziele für die kommenden Jahre zu benennen: Internationalisierung des Unternehmens und Positionierung als Systemanbieter für Hochsicherheitstechnologie, Entwicklung neuer Sicherheitssysteme, Optimierung der Produktionstechnologien sowie Etablierung umweltschonender Herstellungsverfahren. Zu den Innovationsfeldern der Bundesdruckerei gehören die Weiterentwicklung elektronischer ID-Dokumente inklusive der Chip-Integration sowie die Erforschung moderner Materialtechnologien.[1]

ERGEBNIS STEIGT WIEDER

Es geht aufwärts: Das Geschäftsjahr 2004 beschließt die Bundesdruckerei GmbH zwar mit einem geringeren Umsatz, aber mit einem höheren Ergebnis vor Steuern als im Vorjahr.[2] Der Umsatzrückgang um 194,7 Millionen Euro auf 181,8 Millionen Euro ist unter anderem auf das rückläufige Geschäft mit Banknoten zurückzuführen. Da sich genügend Euro-Scheine in Umlauf befinden, ist die Nachfrage gering.[3] Noch machen sich die Maßnahmen der Umstrukturierung nicht im Geschäftsergebnis bemerkbar. Darüber hinaus verzögert sich die internationale Standardisierung elektronischer Pässe, so dass geplante Projekte verschoben werden müssen.[4]

NEUER CFO

Joachim Eilert tritt als neuer Geschäftsführer Finanzen (CFO) in das Unternehmen ein.[5] Sprecher der Geschäftsführung bleibt Ulrich Hamann. Arbeitsdirektor Klaus-Dieter Langen verlässt nach Erreichen der Altersgrenze Anfang 2006 die Bundesdruckerei.[6]

ERSTE REISEPÄSSE MIT PERSONALISIERTEM CHIP

Einer der bedeutendsten Meilensteine auf dem Weg zu einem ID-Systemanbieter ist für die Bundesdruckerei der Startschuss zur Produktion des elektronischen Reisepasses in Deutschland. Das Dokument integriert erstmalig einen Sicherheitschip, der die persönlichen Daten des Inhabers plus ein biometrisches Passbild enthält. Für seine Fertigung hat das Unternehmen seine Produktionsstrecke umgerüstet und den neuen Anforderungen angepasst. Darüber hinaus stattet die Bundesdruckerei alle 5.400 Passbehörden mit der notwendigen Hard- und Software aus. Möglich ist das aufgrund eines neuen Betreibermodells, das erfolgreich eingesetzt wird: Das Unternehmen trägt die finanzielle Vorlast für die notwendigen Investitionen und refinanziert diese anschließend über den Rücklauf eines Teils der Gebühr pro Reisepass. Das gleiche Modell kommt 2010 bei der Einführung des neuen Personalausweises zum Einsatz.[7]

18. Juli
2006

VERKAUF SPS

Der US-Mischkonzern 3M gibt bekannt, dass er die britische
Security Printing and Systems Ltd. (SPS) erwerben will, ein
Tochterunternehmen der Bundesdruckerei mit Hauptsitz in
Manchester.[8] SPS produziert unter anderem die britischen
Pässe. Im August ist der Kauf abgeschlossen.

Januar
2007

AUSBAU DER KOMPETENZEN

Selbstbewusst formuliert die Bundesdruckerei ihre Ziele für
2007. Der Ausbau des Unternehmens zu einem ID-Systemanbieter
wird weiter vorangetrieben und so beispielsweise die D-TRUST
als akkreditiertes Trustcenter zu einem integralen Bestandteil
des Angebotsportfolios. Zudem verstärkt die Bundesdruckerei
ihre Zusammenarbeit mit Forschungseinrichtungen und Partner-
unternehmen. Ziel ist es, die Kompetenzen im Bereich »Sichere
Identität« auszuweiten und sich einen Technologievorsprung zu
erarbeiten. Darüber hinaus wird der Ausbau eines strategischen
Patentportfolios forciert. Auch 2007 will das Unternehmen weiter
wachsen: Geschäfte mit Bestandskunden sollen erweitert und
Neukunden gewonnen werden. Der Schwerpunkt liegt dabei auf
dem internationalen Markt.[13]

29. Oktober
2007

PRÄMIERTE AUSBILDUNG

Die IHK Berlin zeichnet die Bundesdruckerei für ihre hervor-
ragenden Leistungen und ihr Engagement in der Ausbildung aus.[14]

1. November
2007

ERWEITERTE ZUGANGSKONTROLLE
FÜR ePASS

Mit der Einführung der zweiten Generation des deutschen
elektronischen Reisepasses setzt die Bundesdruckerei als erstes
Unternehmen weltweit flächendeckend das EAC-Verfahren
(»Extended Access Control«) zum Schutz der Fingerabdrücke
nach EU-Standard um. Die zwei im Chip gespeicherten
Fingerabdrücke sind Pflicht und werden bei der Beantragung des
Dokuments in der Behörde erfasst. Die notwendigen Finger-
abdruck-Scanner werden ebenfalls über die Bundesdruckerei zur
Verfügung gestellt.[15]

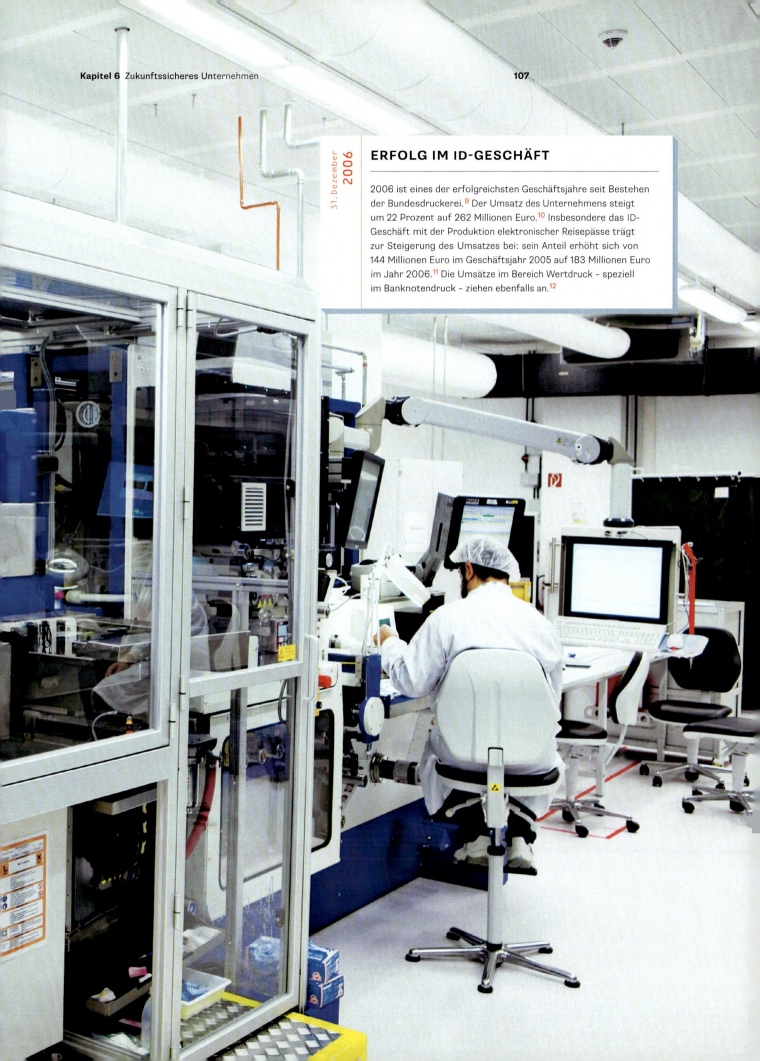

31. Dezember
2006

ERFOLG IM ID-GESCHÄFT

2006 ist eines der erfolgreichsten Geschäftsjahre seit Bestehen der Bundesdruckerei.[9] Der Umsatz des Unternehmens steigt um 22 Prozent auf 262 Millionen Euro.[10] Insbesondere das ID-Geschäft mit der Produktion elektronischer Reisepässe trägt zur Steigerung des Umsatzes bei: sein Anteil erhöht sich von 144 Millionen Euro im Geschäftsjahr 2005 auf 183 Millionen Euro im Jahr 2006.[11] Die Umsätze im Bereich Wertdruck – speziell im Banknotendruck – ziehen ebenfalls an.[12]

31. Dezember
2007

ANGEBOT ERWEITERT

Im Geschäftsjahr 2007 überschreitet der Umsatz der Bundesdruckerei-Gruppe erstmals die 300-Millionen-Grenze.[16] Allein die
Bundesdruckerei GmbH erzielt in diesem Jahr einen Umsatz von
292,1 Millionen Euro.[17] Die Steigerung von elf Prozent gegenüber
dem Vorjahr ist vor allem auf das ID-Systemgeschäft sowie auf
das Segment Banknoten zurückzuführen. Auch auf dem internationalen Markt ist das Unternehmen zunehmend besser aufgestellt.[18] Es kündigt an, in den nächsten Jahren über 100 Millionen
Euro in den Bau neuer Produktionsanlagen zu investieren, um
der wachsenden Bedeutung des ID-Geschäfts gerecht zu werden.
Ein Jahr später, 2008, wird das Architekturbüro Aukett + Heese
ausgewählt, mitten in Berlin die modernste ID-Fertigung der
Welt für die Bundesdruckerei zu planen.[19]

RÜCKERWERB DURCH DEN BUND BESCHLOSSEN

9. September 2008

Der Bund wird die Bundesdruckerei zurückerwerben.[20] Damit sollen die sicherheitspolitischen Interessen der Bundesrepublik Deutschland gewahrt bleiben – insbesondere mit Blick auf die Einführung des elektronischen Personalausweises.[21]

EINSATZ FÜR BILDUNG

1. Januar 2009

Das Jahr 2009 stellt die Bundesdruckerei unter das Motto »Identität stärken – Bildung fördern«.[22] Sie verfolgt das Ziel, sich als Impulsgeberin für »Sichere Identität« weiter zu etablieren. Dafür fördert das Unternehmen nicht nur die Innovationskraft der eigenen Mitarbeiter, sondern unterstützt darüber hinaus Hochschulen und soziale Einrichtungen, ihr Bildungsangebot auszubauen.[23] So setzt sie sich etwa für die Street-UniverCity Berlin (SUB), eine außerschulische Bildungseinrichtung in Berlin-Kreuzberg, ein. Als Förderer für die Akzeptanz der Straßenkultur organisiert die SUB Seminare, Kurse und Workshops, sowie berufsbegleitende und -orientierende Weiterbildungsmaßnahmen für Jugendliche von 15 bis 25 Jahren. Ihr Engagement stellt die Bundesdruckerei auf dem Sommerfest des Bundespräsidenten vor.[24]

6. März 2009

BEURKUNDUNG DES RÜCKERWERBS

Der Rückerwerb der Bundesdruckerei-Gruppe durch den Bund wird beurkundet.[25] Erhalten bleibt der privatrechtliche Status des Unternehmens. Mit der Sanierung und Neuausrichtung hat die Bundesdruckerei in den vergangenen Jahren den Grundstein für eine erfolgreiche Zukunft gelegt.[26]

8. Oktober 2009

BUND ALS ALLEINGESELLSCHAFTER

Der Rückerwerb der Bundesdruckerei-Gruppe durch die Bundesrepublik Deutschland wird wirksam.[27] Alleiniger Gesellschafter ist nun wieder der Bund, vertreten durch das Bundesministerium der Finanzen.

14. Dezember 2009

NEUER AUFSICHTSRATSVORSITZENDER

Der Rückerwerb der Bundesdruckerei zieht Veränderungen im Aufsichtsrat und die Neuwahl des Aufsichtsratsvorsitzenden nach sich. Zum 14. Dezember 2009 übernimmt Prof. Willi Berchtold, Vorstandsmitglied des Automobilzulieferers ZF Friedrichshafen AG, den Vorsitz.[28] Auf ihn warten herausfordernde Aufgaben: die für 2010 geplante Einführung des neuen Personalausweises sowie die laufenden Bauarbeiten für das neue Produktionsgebäude.

Dezember 2009

POSITION BEHAUPTET

Trotz der weltweiten Wirtschaftskrise kann die Bundesdruckerei ihre führende Position auf dem Markt der ID-Technologie behaupten.[29] 2009 verzeichnet sie einen Jahresumsatz von 311,8 Millionen Euro (2008: 311,7 Millionen Euro).[30] Seit 2008 treibt die Bundesdruckerei außerdem die Neuausrichtung ihres akkreditierten Trustcenters D-TRUST voran. Das Tochterunternehmen wird sich im Bereich der Sicherheitsprozesse rund um elektronische Identitäten positionieren und komplettiert damit die Wertschöpfungskette der Bundesdruckerei als ganzheitlicher Systemanbieter. Die Neuausrichtung zeigt bereits im Geschäftsjahr 2009 erste Erfolge bei Umsatz und Unternehmensergebnis.[31]

NEUE STRATEGIE FÜR MAURER ELECTRONICS

Februar **2010**

Maurer Electronics aus München, ein Tochterunternehmen der Bundesdruckerei, eröffnet in Hamburg einen neuen Standort. Einen Monat später, am 1. März, nimmt auch in Hannover eine neue Niederlassung die Arbeit auf. Das Unternehmen vollzieht den Wandel von einem speziell auf Laserpersonalisierung fokussierten Maschinenhersteller hin zu einer technischen Entwicklungsgesellschaft für die Bundesdruckerei. Die insgesamt knapp 70 neuen, hochqualifizierten Mitarbeiter waren vorher für eine amerikanische Firma tätig und verfügen über langjährige Erfahrung in der Software- und Hardware-Entwicklung. Diese setzen sie nun für die Entwicklung innovativer Technologien und Produkte in den Bereichen Datenerfassung, Dokumentenprüfung, Personalisierung sowie Border Control-Lösungen mit ein.[32] Bis 2013 wird die Belegschaft der drei Maurer Electronics-Standorte auf über 100 Mitarbeiter ausgebaut.

31. Dezember **2012**

FOKUS AUF TECHNOLOGIE-BASIERTEM GESCHÄFT

Besondere Bedeutung kommt bereits seit dem 1. November 2010 dem elektronischen Personalausweis zu. Mit seiner Einführung kann die Bundesdruckerei ihre führende Kompetenz bei der Entwicklung und Umsetzung komplexer und hochsicherer Identifikationssysteme unter Beweis stellen. Bereits am 15. Dezember 2010 – etwa sechs Wochen nach Einführung – liefert sie den 500.000sten Personalausweis aus.[41] Die Umsatzzahlen, die von 2010 auf 2011 um 16 Prozent im Vergleich zum Vorjahr steigen, sind immer mehr auf das ID-Geschäft zurückzuführen. Über 90 Prozent des Umsatzes macht das Unternehmen bereits im Jahr 2012 mit dem Geschäftsbereich »Sichere Identität« – insbesondere mit hochwertigen ID-Dokumenten wie auch dem elektronischen Aufenthaltstitel, der zum 1. September 2011 eingeführt wurde.[42] Damit bestätigt die Unternehmensleitung ihre Strategie, »das technologiebasierte Geschäft mit Identifizierungssystemen ins Zentrum zu stellen«.[43] Auch die mittlerweile auf fast 2.000 Personen angestiegene Belegschaft unterstreicht den Kurs.

Juli
2010

NEUE ENTWICKLUNGEN IM EURO-BANKNOTENDRUCK

Zum ersten Mal in ihrer Geschichte entscheidet die Deutsche Bundesbank, Euro-Banknoten im Ausland drucken zu lassen. Zur Begründung verweist die Bundesbank auf EU-Vergaberegeln. In einer europaweiten Ausschreibung setzen sich Wertdruckunternehmen aus Frankreich und den Niederlanden gegen die Bundesdruckerei und ihre deutschen Mitbewerber durch. Die Dienstleistungsgewerkschaft Verdi und die Mitarbeiter der Bundesdruckerei fürchten Arbeitsplatzverluste. Am 17. August demonstrieren deswegen mehrere Hundert Menschen in Frankfurt vor dem Bundesbank-Gebäude.[33] Auch Berlins Regierender Bürgermeister schaltet sich ein: »Es ist überhaupt nicht einzusehen, warum so ein kompetenter Betrieb wie die Bundesdruckerei ohne Not durch die Bundesbank gefährdet wird«.[34] Ein Einspruch des Unternehmens bei der Vergabekammer des Bundeskartellamts bleibt erfolglos. Im Oktober erklärt auch das Oberlandesgericht Düsseldorf die Vergabepraxis der Bundesbank für rechtens.[35]

27. Juli
2010

VERSTÄRKUNG DER GESCHÄFTSFÜHRUNG

Der Aufsichtsrat bestellt Christian Helfrich zum kaufmännischen Geschäftsführer der Bundesdruckerei (CFO). Er tritt damit die Nachfolge von Joachim Eilert an, der 2008 aus der Geschäftsführung ausgeschieden war. In der Zwischenzeit hatte Ulrich Hamann das Unternehmen alleine geleitet. Helfrich war zuvor im Finanzressort der belgischen Agfa-Gruppe tätig, wo er unter anderem die Restrukturierung des Unternehmens verantwortete.[36] Am 1. Januar 2011 nimmt Helfrich seine Arbeit als Geschäftsführer auf und verantwortet die Bereiche Finanzen, IT, Einkauf, Security & Facility-Management sowie Personal.[37]

1. November
2010

ERSTE PERSONALAUSWEISE MIT PERSONALISIERTEM CHIP

Die Einführung des ersten elektronischen Personalausweises in Deutschland unterstreicht den Anspruch der Bundesdruckerei, als ID-Unternehmen Impulsgeber für den Bereich »Sichere Identität« zu sein. Mit dem neuen Dokument können sich die Bundesbürger nicht nur in der analogen, sondern erstmals auch in der digitalen Welt eindeutig ausweisen.[38] Zum 1. September 2011 fällt der Startschuss für die Produktion des elektronischen Aufenthaltstitels.[39]

BETEILIGUNG AN DERMALOG

18. Dezember 2012

Die Bundesdruckerei erwirbt 22,43 Prozent der Anteile an der DERMALOG Identification Systems GmbH. Das Unternehmen mit Sitz in Hamburg gehört zu den weltweit führenden Herstellern für automatische Fingerabdruck-Identifikationssysteme.[40] Mit der Beteiligung stärkt die Bundesdruckerei ihre Innovationskraft im wachsenden Segment der Biometrie-Lösungen.

EINSTIEG BEI CV CRYPTOVISION

20. Juni 2013

Rückwirkend zum 1. Januar 2013 beteiligt sich die Bundesdruckerei mit 25,1 Prozent an dem Kryptografie-Spezialisten cv cryptovision GmbH mit Sitz in Gelsenkirchen. Damit baut sie ihre Kompetenzen im Bereich hocheffizienter Verschlüsselungstechniken weiter aus. Die beiden Unternehmen arbeiten bereits seit einigen Jahren zusammen, unter anderem für Dokumentenprüfgeräte der Reihe VISOTEC® Border Control.[46] Im September 2013 stockt die Bundesdruckerei ihre Beteiligung auf 35,1 Prozent auf und ist damit größter Gesellschafter der cryptovision.

AUTOMATISCHE GRENZKONTROLLE

Juli 2013

Zusammen mit der secunet Security Networks AG gewinnt die Bundesdruckerei das europaweite Ausschreibungsverfahren des Beschaffungsamtes des Bundesministeriums des Innern: Bis Ende 2014 statten die Konsortialpartner die Flughäfen Frankfurt am Main, München, Düsseldorf, Hamburg und Berlin mit zunächst 90 sogenannten eGates aus. Bei der Grenzkontrolle mittels eGate werden sowohl die Identität der Reisenden als auch die Echtheit und Gültigkeit ihrer elektronischen Reisedokumente in automatisierten Prozessen überprüft. Dabei kommen besonders schnelle und leicht zu bedienende Lesegeräte der Bundesdruckerei zum Einsatz.[47]

ENERGIEKONZERN BEAUFTRAGT 70.000 ZERTIFIKATE

August 2013

Das akkreditierte Trustcenter der Bundesdruckerei D-TRUST schließt einen Großauftrag mit einem deutschen Energiekonzern ab. Dieser gibt Zertifikate für rund 70.000 Anwender in Auftrag. Eingesetzt werden sollen die Zertifikate, um den sicheren Zugang zu IT-Systemen im gesamten Geschäftsprozess zu gewährleisten.

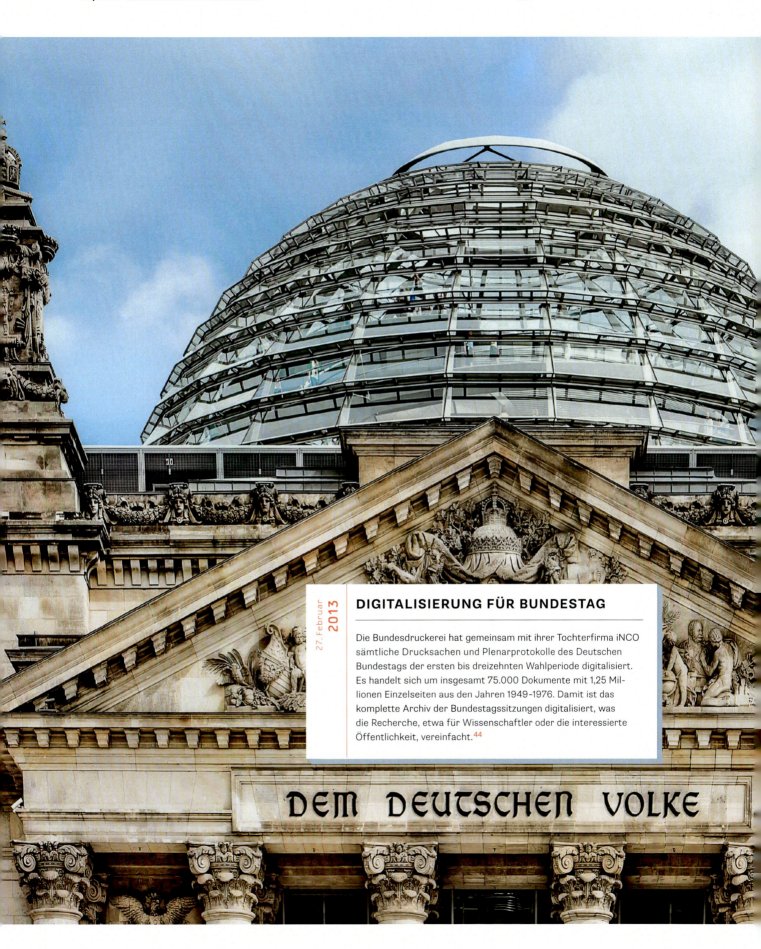

27. Februar
2013

DIGITALISIERUNG FÜR BUNDESTAG

Die Bundesdruckerei hat gemeinsam mit ihrer Tochterfirma iNCO sämtliche Drucksachen und Plenarprotokolle des Deutschen Bundestags der ersten bis dreizehnten Wahlperiode digitalisiert. Es handelt sich um insgesamt 75.000 Dokumente mit 1,25 Millionen Einzelseiten aus den Jahren 1949-1976. Damit ist das komplette Archiv der Bundestagssitzungen digitalisiert, was die Recherche, etwa für Wissenschaftler oder die interessierte Öffentlichkeit, vereinfacht.[44]

EINWEIHUNG PRODUKTIONSGEBÄUDE

März 2013

Ein Schritt in ein neues Zeitalter: Die Bundesdruckerei weiht das neue Produktionsgebäude an der Alten Jakobstraße ein. Auf drei Produktionsebenen mit insgesamt knapp 35.000 Quadratmetern Gesamtfläche können die Fertigungslinien für Personalausweise, Reisepässe oder Führerscheine optimal angeordnet und alle Produktionsschritte effizient vernetzt werden. Dazu kommt ein neues Logistikzentrum mit einem automatischen Paletten-Lager: Es ist 40 Meter hoch und beinhaltet fünf Etagen mit ca. 3.500 Stellplätzen. Zwischen den Regalen kommen automatisch gesteuerte Shuttle-Fahrzeuge und Heber zum Einsatz. Außerdem verfügt der Bau über Büroräume mit insgesamt 450 Arbeitsplätzen. Besucher können die Produktion des neuen Personalausweises durch eine Glasgalerie besichtigen, ohne Sicherheitsaspekte zu verletzten oder den Betriebsablauf zu stören. Der energieeffiziente Hightech-Bau ermöglicht es, Identitätsdokumente auf höchstem Qualitäts- und Sicherheitsniveau zu fertigen. Bereits im Jahre 2007 beschlossen, hat das neue Produktionsgebäude bei einer Bauzeit von drei Jahren 70 Millionen Euro gekostet – und ist ein eindrucksvoller Beleg für die Zukunftsfähigkeit des Unternehmens.[45]

Alles aus einer Hand

In den vergangenen Jahren hat sich die Bundesdruckerei vom klassischen Wertdruckunternehmen zu einem international anerkannten Systemanbieter für Full-ID-Management
entwickelt. Mit ihren Lösungen und Produkten im Bereich »Sichere Identität« deckt sie
die gesamte Prozesskette ab: von der sicheren Erfassung biografischer und biometrischer
Daten bis hin zu Systemen zur Ausgabe und Verifikation von Identitätsdokumenten.
Außerdem entwickelt das Unternehmen technische Infrastrukturen, damit Bürger, Behörden
und Unternehmen ihre Identität in der digitalen Welt nutzen und schützen können.

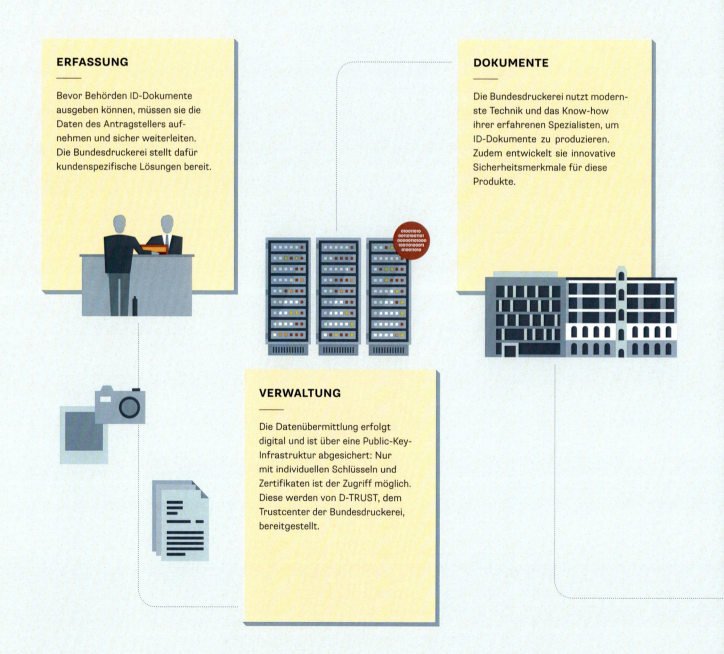

ERFASSUNG

Bevor Behörden ID-Dokumente
ausgeben können, müssen sie die
Daten des Antragstellers aufnehmen und sicher weiterleiten.
Die Bundesdruckerei stellt dafür
kundenspezifische Lösungen bereit.

DOKUMENTE

Die Bundesdruckerei nutzt modern-
ste Technik und das Know-how
ihrer erfahrenen Spezialisten, um
ID-Dokumente zu produzieren.
Zudem entwickelt sie innovative
Sicherheitsmerkmale für diese
Produkte.

VERWALTUNG

Die Datenübermittlung erfolgt
digital und ist über eine Public-Key-
Infrastruktur abgesichert: Nur
mit individuellen Schlüsseln und
Zertifikaten ist der Zugriff möglich.
Diese werden von D-TRUST, dem
Trustcenter der Bundesdruckerei,
bereitgestellt.

AUSGABE

Bevor Meldestellen und Ausweisbehörden das fertige ID-Dokument
ausgeben, müssen sie prüfen, ob
die Daten korrekt hinterlegt sind und
der Abholer mit der ausgewiesenen
Person identisch ist. Lesegeräte
der Bundesdruckerei unterstützen
sie dabei.

eSERVICES

Die eServices der Bundesdruckerei
ermöglichen elektronische
Geschäftsprozesse, bei denen Sicherheit und Datenschutz stets gewahrt
bleiben. Die innovativen Lösungen
umfassen etwa die Bereitstellung
und Verwaltung von Zertifikaten und
digitalen Signaturen.

PERSONALISIERUNG

Erst wenn ein ID-Dokument die
persönlichen Daten des Antragstellers enthält, wird es zum Unikat.
Je nach Konzept bietet das Unternehmen maßgeschneiderte Lösungen
an. Kunden wählen zwischen einzelnen Komponenten und kompletten
Personalisierungssystemen. Alle
Lösungen können sowohl zentral als
auch dezentral eingerichtet werden.

VERIFIKATION

Um Dokumente sicher und schnell
prüfen zu können, benötigen Behörden und Privatwirtschaft zuverlässige
Geräte und Systeme. Sowohl für
hoheitliche Anforderungen als auch
für den Einsatz in Unternehmen
bietet die Bundesdruckerei passende
Lösungen.

Erfolg mit innovativen Produkten

Erst der ePass, dann der neue deutsche Personalausweis: Mit modernen ID-Karten, hochsicheren ID-Systemen und Lösungen für ein Full-ID-Management setzt die Bundesdruckerei Meilensteine auf dem Weg zur Innovationsführerschaft. Zunehmend entwickelt sie auch Anwendungen für die Privatwirtschaft.

Frühjahr **2004**

REISEPASS-ENTWÜRFE

Die Bundesdruckerei stellt die weltweit ersten Reisepass-Entwürfe vor, die den Sicherheitsstandards der International Civil Aviation Organization (ICAO) entsprechen. Der Prototyp des neuen Reisepasses enthält einen kontaktlosen Prozessor-Chip, auf dem biometrische Merkmale des Gesichts und später auch zwei Fingerabdrücke des Dokumenteninhabers gespeichert sind.[1]

Juni
2004

ePÄSSE FÜR DEUTSCHLAND

Bundesinnenminister Otto Schily gibt offiziell bekannt, dass die
Bundesdruckerei ab Herbst 2005 das komplette ePass-System
für die Bundesrepublik Deutschland liefert. Als Generalunter-
nehmerin soll sie die Reisepässe herstellen und zudem alle Pass-
und Personalausweisbehörden mit der nötigen Infrastruktur ausstatten. Dazu gehören Lesegeräte und Fingerabdruck-Scanner.[2]

Dezember
2004

BIOMETRIE WIRD PFLICHT

Der Rat der Europäischen Union beschließt, dass elektronische
Pässe künftig mit biometrischen Merkmalen der Ausweis-
inhaber ausgestattet sein müssen. Dabei handelt es sich, wie
in den ersten Entwürfen der Bundesdruckerei vorgesehen,
um ein digitales Lichtbild sowie zwei Fingerabdrücke. Gespeichert
werden die Informationen auf einem elektronischen Chip.[3]

1. November
2005

EINFÜHRUNG ePASS

Der ePass wird in Deutschland eingeführt. Im Rekordtempo von
weniger als einem Jahr hat die Bundesdruckerei den ICAO-
konformen Pass entwickelt sowie rund 5.400 Pass- und Personalausweisbehörden mit der nötigen Infrastruktur ausgestattet.
Die Ämter erhalten Lesegeräte, mit denen sie die auf dem Chip
des Passes gespeicherten Daten kontrollieren können.[4] Mit der
Einführung des ePasses bildet die Bundesdruckerei erstmals die
gesamte Prozesskette eines in sich geschlossenen ID-Systems
ab und findet dafür international viel Beachtung.[5]

DIGITALES ANTRAGSVERFAHREN

Mittlerweile nehmen knapp 90 Prozent der Kommunen in Deutschland am digitalen Antragsverfahren für Pässe und Personalausweise teil. Das Software-Modul DIGANT bietet die Bundesdruckerei bereits seit 2000 an.[6] Die Vorteile: Meldestellen müssen die Anträge nicht mehr per Post zur Bundesdruckerei schicken, Daten werden vor Ort digitalisiert und über eine sichere Leitung an die Bundesdruckerei übermittelt. Die medienbruchfreie Datenübermittlung verringert die Fehlerquote, und Express-Reisepässe können innerhalb von drei Werktagen nach Bestelleingang an die Passbehörden ausgeliefert werden.

VISOTEC MOBILE 100

Die Bundesdruckerei schließt die Entwicklung des mobilen Dokumentenprüfgeräts »Visotec Mobile 100« ab. Ein integrierter Fingerabdrucksensor ermöglicht es zudem, vor Ort Fingerabdrücke zu erfassen und mit den auf dem Chip gespeicherten Abdrücken zu vergleichen. Das Gerät eignet sich insbesondere für mobile Kontrollen - etwa beim Streifendienst der Polizei, an Flughäfen oder bei Großveranstaltungen.[7]

MEHR SERVICE

Um Kunden noch umfassender unterstützen zu können, weitet die Bundesdruckerei ihr Dienstleistungsangebot aus und richtet unter anderem einen Application Support für Dokumentenprüfgeräte ein.[9] In den kommenden Jahren wird der Service kontinuierlich ausgebaut. Ein Call- und Support-Center dient als erste Anlaufstelle bei Fragen, über ein Serviceportal und den eShop im Internet können von den Pass- und Personalausweisbehörden zahlreiche Materialien heruntergeladen und Transaktionen abgewickelt werden. Mitarbeiter der Bundesdruckerei unterstützen bei Installation und Wartung von Geräten, leisten technischen Support vor Ort und bieten Anwenderschulungen an. Mit Hilfe regelmäßiger Kundenumfragen erhebt die Bundesdruckerei außerdem, wo sie ihr Serviceangebot noch verbessern kann. Die Zahl der Mitarbeiter im Kundendienst ist über die Jahre stark gestiegen - von 37 Mitarbeitern im Jahr 2007 auf 157 im Jahr 2013.[10]

März
2007

NEUE ID-LÖSUNGEN

Unter dem Motto »Next Generation ID Solutions« präsentiert
sich die Bundesdruckerei auf der CeBIT. Bereits seit 1995 nutzt
das Unternehmen die Messe als Plattform, um neue Produkte
vorzustellen: zunächst im Bundespavillon und seit 2000 mit
einem eigenen Messestand. Gezeigt wird beispielsweise die
Laserpersonalisierungsmaschine ME 5000, eine Produktinnova-
tion des Tochterunternehmens Maurer Electronics. Mit diesem
System können Behörden sowohl biometrische Pässe als auch
ID-Karten optisch und elektronisch personalisieren. Außerdem
präsentiert das Unternehmen als erster Anbieter im Markt eine
Europäische Bürgerkarte (European Citizen Card, ECC), eine
ID-Karte, aus der später der neue deutsche Personalausweis hervorgeht. Sie kann mit einer elektronischen Signatur ausgestattet
werden, die rechtsverbindliche Unterschriften online ermöglicht.[8]

ZENTRALE PERSONALISIERUNG

April 2007

Die Bundesdruckerei liefert den dreimillionsten deutschen ePass aus.[11] Zudem feiert das Unternehmen ein kleines Jubiläum: Seit 20 Jahren produziert es den deutschen Personalausweis zentral. Dazu werden die personenbezogenen Daten des Antragsstellers seit 1987 von den Meldebehörden an die Bundesdruckerei übermittelt und dort in das Identitätsdokument eingebracht. Zuvor stellte das Unternehmen Blankovordrucke her, die anschließend von den Meldebehörden mit den persönlichen Daten der Antragsteller versehen wurden. Mit der zentralen Personalisierung in der Bundesdruckerei kann die Fälschungssicherheit der ID-Dokumente deutlich erhöht werden. Insgesamt hat das Unternehmen bis 2007 bereits über 150 Millionen Personalausweise auf diese Weise produziert.[12]

Sommer **2007**

ELEKTRONISCHER DIENSTAUSWEIS

Für Mitarbeiter von Bundesbehörden wird der elektronische Dienstausweis (eDA) eingeführt. Dabei handelt es sich um eine multifunktionale Chipkarte, die zum Beispiel für Zeiterfassung, elektronische Signatur und Zutrittsermächtigungen genutzt werden kann.[13] Im Sommer 2006 hatte das Bundesministerium des Innern die Bundesdruckerei mit der Entwicklung und Herstellung beauftragt.[14] Der eDA ist in Zusammenarbeit mit dem Bundesamt für Sicherheit in der Informationstechnik (BSI) und dem Bundeskriminalamt (BKA) entstanden.[15] Ab April 2008 können Bundesbehörden, Bundespolizei und Bundeswehr den Ausweis bei der Bundesdruckerei bestellen.[16]

1. November **2007**

DIE ZWEITE GENERATION ePASS

Die Bundesdruckerei führt die zweite Generation des elektronischen Reisepasses in Deutschland ein und setzt damit neue Qualitätsmaßstäbe bei modernen Sicherheitsdokumenten.[17] Im Gegensatz zu seinem Vorgänger verfügt der ePass – neben dem Gesichtsbild – über zwei im Chip gespeicherte Fingerabdrücke als biometrisches Merkmal. Zur Aufnahme stellt die Bundesdruckerei den Passbehörden Fingerabdruck-Scanner zur Verfügung. Um die Fingerabdrücke vor Missbrauch zu schützen, verwendet die Bundesdruckerei weltweit erstmals flächendeckend den erweiterten Zugriffsschutz »Extended Access Control« (EAC). Damit wird sichergestellt, dass nur berechtigte Personen auf die verschlüsselten Fingerabdrücke zugreifen können.[18] Bis Mitte März 2008 liefert die Bundesdruckerei eine Million deutsche ePässe der zweiten Generation aus.[19] Die Passbehörden unterstützt sie während des gesamten Prozesses mit umfassenden Service- und Supportleistungen.

März **2008**

NEUES PERSONALISIERUNGS-VERFAHREN INNOSEC® FUSION

Auf der CeBIT präsentiert die Bundesdruckerei das Farb-Personalisierungsverfahren Innosec® Fusion, welches Polycarbonat-Karten noch fälschungssicherer macht. Die Druckfarben werden unmittelbar in das Kartenmaterial eingebracht, so dass Daten und Kartenkörper anschließend einen unlösbaren Verbund bilden.[20] Die Technologie basiert auf einem digitalen Druckverfahren und eignet sich besonders für einen elektronischen Personalausweis mit integriertem Chip, den mehrere europäische Staaten planen.

März
2009

AUTOMATISCHE GRENZKONTROLLE

Lösungen für effizientes, sicheres ID-Management stehen immer
mehr im Fokus der Geschäftstätigkeit der Bundesdruckerei.
Auf der CeBIT zeigt sie, wie sich elektronische Ausweise für
eBusiness-, eGovernment- und eAdministration-Lösungen nutzen
lassen.[21] Dazu stellt das Unternehmen zum Beispiel einen mit dem
Fraunhofer-Institut für Offene Kommunikationssysteme (FOKUS)
entwickelten Prototypen einer Kfz-Karte zur elektronischen
Fahrzeugummeldung vor. Darüber hinaus präsentiert die Bundesdruckerei ihre Lösung zur Grenzkontrolle – ein innovatives System,
mit dem sich mit Hilfe halb- und vollautomatischer Prüfprozesse
an sogenannten eGates Grenzkontrollen effektiv gestalten und
Wartezeiten verkürzen lassen.[22]

2. Januar
2010

DUFTENDE BRIEFMARKEN

Der Verkauf der ersten Duftbriefmarken Deutschlands startet.
Produziert werden die Postwertzeichen von der Bundesdruckerei.
Die ersten Marken riechen nach Erdbeere, Zitrone, Apfel und
Heidelbeere. Den Duft bringt die Bundesdruckerei in mikros-
kopisch kleinen Kapseln auf die Marke auf. Diese platzen, wenn
man mit dem Finger darüber streicht.[23]

Juni **2010**

»HEISSE PHASE« FÜR DEN NEUEN PERSONALAUSWEIS

Die Bundesdruckerei arbeitet mit Hochdruck an der Entwicklung und Produktion für das neue Personalausweissystem in Deutschland.[24] Damit wird eines der wichtigsten Projekte im Rahmen des Programms E-Government 2.0 realisiert, das die Bundesregierung 2006 beschloss. Die Anforderungen an das neue Identitäts-dokument hat das Bundesministerium des Innern festgelegt. Die Bundesdruckerei ist neben der Produktion auch für die technische Infrastruktur verantwortlich, in die der Ausweis eingebettet ist.

Der Einführung des neuen Personalausweises geht eine intensive Planungs- und Entwicklungsphase voraus: So installiert die Bundesdruckerei etwa eine komplett neue, komplexe Fertigungs-straße mit maßgeschneiderten Maschinen.[25] Dabei kommt auch die neue Farb-Personalisierungstechnologie Innosec® Fusion zum Einsatz, die Daten und Dokument unlösbar miteinander verbin-det.[26] Bis zum Stichtag am 1. November 2010 muss außerdem die gesamte Prozesskette angepasst werden, von der Erfassung der Identitätsdaten bis hin zur Dokumentenprüfung bei der Ausgabe. Dazu stattet die Bundesdruckerei die ca. 20.000 Arbeitsplätze in insgesamt 5.400 Pass- und Personalausweisbehörden mit Hard-ware- und Softwarekomponenten wie etwa Änderungsterminals und Fingerabdruckscannern, aus.[27] Dabei gilt es, diverse unter-schiedliche Betriebssysteme und Serverumgebungen, dutzende kommunale Rechenzentren sowie mehr als zehn verschiedene kommunale Softwarehersteller zu koordinieren. Über 100 Mit-arbeiter der Bundesdruckerei unterstützen die Behörden bei allen Fragen rund um das neue Identitätsdokument.[28]

Die Einführung des Personalausweises gilt als eines der größten und anspruchsvollsten Technologieprojekte, das in den vergangenen Jahren weltweit umgesetzt worden ist. Die Fachwelt urteilt überwiegend positiv über die neue Identitätskarte: »Ein innovatives und technisch durchdachtes Konzept, das auch Datenschutzbelangen in hervorragender Weise Rechnung trägt«, lobt etwa die Analystengruppe Kuppinger Cole – und zeichnet die neue Identitätskarte im Sommer 2010 mit dem European Identity Award aus.[29]

1. November
2010

START DER PRODUKTION

Es wird ernst: Dank der intensiven Zusammenarbeit aller
Beteiligten ist die Vorbereitungsphase erfolgreich abgeschlossen. Die Bundesdruckerei beginnt mit der Produktion des neuen
deutschen Personalausweises. Bis zu 50.000 der neuen Identitätsdokumente kann sie am Tag auf der neuen Fertigungsstraße
herstellen. Lediglich bei einem Bruchteil der Anträge kommt es
zu längeren Lieferzeiten in der Startphase. Schon nach wenigen
Wochen laufen Bestellung und Produktion stabil.[30]

Meilenstein im ID-Management

Der 2010 eingeführte deutsche Personalausweis eröffnet neue
Dimensionen für seine Nutzer: Er kann wie sein Vorgänger als
sogenannter Sichtausweis gegenüber Polizei und Behörden
eingesetzt werden und ist so fälschungssicher wie kaum ein
anderes Dokument. Neu ist auch der kleine Sicherheits-Chip, der
im Innern des Ausweises zwischen mehreren Kunststoffschichten
liegt. Auf ihm sind die persönlichen Daten und ein digitalisiertes
biometrisches Passbild des Inhabers gespeichert, zusätzlich
können zwei Fingerabdrücke auf dem Chip gespeichert werden.
Er fungiert zudem als Basis für die Online-Ausweisfunktion, mit
der sich der Inhaber auch im Internet eindeutig authentisieren
kann, und ist für den Einsatz eines personengebundenen
Signaturzertifikats vorbereitet. So können Nutzer mithilfe der
Qualifizierten Elektronischen Signatur (QES) online rechtsgültig
Verträge unterzeichnen. Diese beiden Funktionen haben das
Potenzial, Transaktionen über das Netz deutlich komfortabler
und sicherer zu machen. Grund dafür ist die Einbindung des
Chips in ein hochsicheres System zum Schutz von elektronischen
Identitäten – dem so genannten eID-Service, den unter anderem
die Bundesdruckerei über ihr akkreditiertes Trustcenter D-TRUST
anbietet: Er ermöglicht Bürgern und Diensteanbietern auf Basis
von Berechtigungszertifikaten miteinander zu kommunizieren.
Dabei wird sichergestellt, dass Diensteanbieter erst dann die
Daten auf dem Chip des Personalausweises auslesen können,
wenn sie sich zuvor authentisiert haben.[31] Der eID-Serivce kann
gleichermaßen von Behörden sowie privatwirtschaftlichen Unternehmen genutzt werden.

November
2010

ERSTE UNTERNEHMEN NUTZEN eID-SERVICE

Die Gothaer Versicherungen kündigen als erstes Unternehmen an, den eID-Service der Bundesdruckerei in Anspruch nehmen zu wollen.[32] Bald darauf binden auch die Allianz AG, Cosmos Direkt, Datev, HUK 24 und verschiedene andere Firmen die Online-Ausweisfunktion in ihr Internetangebot ein.

Juni
2011

FÜNF MILLIONEN STÜCK AUSGELIEFERT

Mehr als fünf Millionen neue Personalausweise sind bisher beantragt, produziert und ausgeliefert worden.[33]

Juli
2011

DRUCKAUFTRAG FÜR EURO-NOTEN

Die Bundesdruckerei erhält einen Großauftrag für die Produktion von Euro-Banknoten. Das Unternehmen soll das gesamte Kontingent für das Jahr 2012 liefern, welches im Rahmen des sogenannten Joint European Tender (JET) ausgeschrieben worden ist. Auftraggeber sind acht Zentralbanken im Eurosystem, die sich zur JET-Gruppe zusammengeschlossen haben. Das Auftragsvolumen beträgt rund 860 Millionen Euro-Scheine.[34] Damit wird der Banknotendruck als traditionsreiche Kompetenz der Bundesdruckerei gestärkt.

NEUER EU-KARTENFÜHRERSCHEIN

Januar **2013**

Die Bundesdruckerei beginnt mit der Produktion des neuen
deutschen EU-Kartenführerscheins. Er erfüllt alle Sicherheitsstandards, die eine neue, für alle EU-Mitgliedsstaaten gültige
Führerscheinrichtlinie, vorschreibt. Künftig sollen einheitliche
Fahrerlaubnisklassen für die aktuell 110 unterschiedlichen
Führerscheine in der Europäischen Union gelten. Die Gültigkeit
der neuen EU-Kartenführerscheine ist auf 15 Jahre begrenzt.[40]

September
2011

ELEKTRONISCHER AUFENTHALTSTITEL

Seit dem 1. September stellt die Bundesdruckerei den elektronischen Aufenthaltstitel für in Deutschland lebende Ausländer (Nicht-EU-Bürger) her.[35] Er verfügt über die gleichen Merkmale und Funktionen wie der neue Personalausweis, darunter die Online-Ausweisfunktion für sichere Transaktionen im Internet. Auf dem Chip des elektronischen Aufenthaltstitels sind – anders als beim Personalausweis – zusätzlich sogenannte Nebenbestimmungen gespeichert, zum Beispiel Angaben zur Erwerbstätigkeit.[36] Zudem ist bei Personen, die älter als sechs Jahre sind, die Speicherung von Fingerabdrücken vorgeschrieben.[37] Insgesamt stattet die Bundesdruckerei jetzt für Reisepass, Personalausweis und elektronischen Aufenthaltstitel knapp 6.000 Pass- und Ausländerbehörden – mit ca. 24.000 Arbeitsplätzen – mit der notwendigen Hard- und Software sowie entsprechenden Support-Leistungen aus.[38]

November
2012

PILOTPHASE SIGN-ME

Die Bundesdruckerei startet die Pilot-Phase von »sign-me«: Eine Web-Applikation bündelt hier alle für die Online-Unterschrift mit dem neuen Personalausweis (Qualifizierte Elektronische Signatur) erforderlichen Schritte – vom Laden des Signaturzertifikats bis hin zur Unterschrift selbst. Während der Testphase können Anwender Feedback zur Benutzerfreundlichkeit der Applikation geben. Dieses lässt die Bundesdruckerei in die Weiterentwicklung des Produkts einfließen.[39]

Identitätsdokumente für den digitalen Dialog

Seit dem 1. November 2010 gibt es den neuen deutschen Personalausweis. Über die üblichen Funktionen in der realen Welt hinaus bietet der Ausweis zwei innovative Anwendungen, die vor allem Kommunikation und Transaktionen im Internet verlässlicher und sicherer machen: die Online-Ausweisfunktion und die elektronische Unterschriftsfunktion.

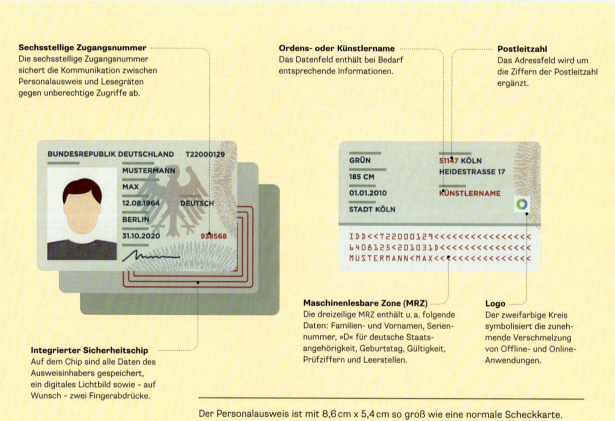

Sechsstellige Zugangsnummer
Die sechsstellige Zugangsnummer sichert die Kommunikation zwischen Personalausweis und Lesegeräten gegen unberechtige Zugriffe ab.

Ordens- oder Künstlername
Das Datenfeld enthält bei Bedarf entsprechende Informationen.

Postleitzahl
Das Adressfeld wird um die Ziffern der Postleitzahl ergänzt.

Integrierter Sicherheitschip
Auf dem Chip sind alle Daten des Ausweisinhabers gespeichert, ein digitales Lichtbild sowie - auf Wunsch - zwei Fingerabdrücke.

Maschinenlesbare Zone (MRZ)
Die dreizeilige MRZ enthält u. a. folgende Daten: Familien- und Vornamen, Serien- nummer, »D« für deutsche Staats- angehörigkeit, Geburtstag, Gültigkeit, Prüfziffern und Leerstellen.

Logo
Der zweifarbige Kreis symbolisiert die zuneh- mende Verschmelzung von Offline- und Online- Anwendungen.

Der Personalausweis ist mit 8,6 cm x 5,4 cm so groß wie eine normale Scheckkarte. Neu hinzugekommen sind - im Vergleich zum alten Personalausweis - der integrierte Sicherheitschip sowie die Datenfelder Zugangsnummer auf der Vorderseite und die Postleitzahl sowie der Ordens- oder Künstlername auf der Rückseite. Die Karte besteht aus mehreren Kunststoffschichten, in die der kontaktlos arbeitende Sicherheitschip eingebettet ist.

Identifizieren in der Online-Welt

eCommerce

Der Personalausweis macht Online-Geschäfte sicherer und transparenter. Sowohl Kunden als auch Anbieter von Online-Shops wissen, mit wem sie Geschäfte machen und dass alle gelieferten Informationen richtig und vollständig sind.

eGovernment

Mithilfe der Online-Ausweisfunktion verlagern sich immer mehr Behördengänge ins Internet. Das Angebot reicht von der Anmeldung eines Fahrzeugs über die elektronische Steuererklärung bis hin zur eVergabe öffentlicher Ausschreibungen.

Weltweit aktiv

Die Bundesdruckerei etabliert sich auf dem internationalen Markt: Immer mehr Staaten setzen für ihre Identitätssysteme sowie -dokumente auf das Know-how aus Berlin. Das Unternehmen engagiert sich in Joint Ventures und erschließt neue Märkte in Osteuropa, Fernost und Lateinamerika.

INTERNATIONALE PRÄSENZ

2004

Die Bundesdruckerei ist regelmäßig auf internationalen Messen und Konferenzen vertreten,[2] zum Beispiel auf der CARTES & IDentification International in Paris[3] und auf der ICAO Machine Readable Travel Documents (MRTD)-Konferenz in Montreal.[4] Die CARTES zählt zu den führenden Fachmessen für Plastik- und Magnetkarten in Europa. Schwerpunkte sind die Themen Identifikation, Finanzdienstleistungen, digitale Sicherheit, NFC-Projekte und Cloud Computing. Die ICAO MRTD ist ein internationales Symposium zum Thema Sicherheitsstandards, wie zum Beispiel biometrische Identifikation, Reisedokumentensicherheit, Grenzkontrollverfahren und -systeme, Identitätskontrollen, Sicherheit im Luftraum und nationale Sicherheit.

VISOTEC EXPERT 300 FÜR VEREINIGTE ARABISCHE EMIRATE

März 2004

Die Bundesdruckerei erhält den Zuschlag für die Einführung eines Prüfgeräts zur automatischen Dokumentenkontrolle. Der Visotec Expert 300 überprüft anhand der Sicherheitsmerkmale und maschinenlesbarer Informationen die Authentizität eines ID-Dokuments. Mit den Geräten können insbesondere Routineprozesse bei der Einreise sicherer und schneller bewältigt werden. Die Visotec-Geräte werden am Flughafen und im Hafen von Dubai eingesetzt.[1] Nach und nach werden später auch die weiteren Emirate mit mehreren Hundert Lesegeräten der Bundesdruckerei ausgerüstet.

AUFTRÄGE AUS OSTEUROPA UND SÜDAMERIKA

Die Bundesdruckerei erweitert ihr Auslandsgeschäft um die Schwerpunktmärkte Osteuropa, den Nahen Osten und Lateinamerika. Unter anderem gewinnt das Unternehmen Aufträge zur Einführung von ePass-Systemen in Lettland und Venezuela. Auch für Litauen werden Komponenten für ePässe geliefert.[5]

ePASS-SYSTEM FÜR VENEZUELA

Die Bundesdruckerei-Gruppe beginnt mit der Auslieferung des ePass-Systems für Venezuela bestehend aus Polycarbonat-Passkarten und einem kompletten Personalisierungssystem für die Behörden. Der Auftrag umfasst die Herstellung von 2,5 Millionen Pässen jährlich. Venezuela ist damit das erste lateinamerikanische Land, das Reisepässe mit integriertem Chip einführt.[6]

DOKUMENTENPRÜFGERÄTE FÜR ESTLAND

Hoheitliche Kontrollinstanzen in Estland vertrauen auf mobile Dokumentenprüfgeräte der Bundesdruckerei. Mit dem VISOTEC® Mobile können auch außerhalb stationärer behördlicher Infrastrukturen Identitäten sicher überprüft und internationale Datenbanken abgefragt werden.[8]

ePASS FÜR BOSNIEN-HERZEGOWINA

Die Europäische Kommission beschloss bereits 2005 die sukzessive Einführung elektronischer Reisepässe in den EU-Mitgliedstaaten.[9] Im Zusammenhang mit der Angleichung der Personaldokumente in Bosnien-Herzegowina an EU-Standards bestellt die bosnische Regierung elektronische Reisepässe für ihre Bürger bei der Bundesdruckerei.[10]

Mai
2008

ID-DOKUMENTE FÜR DIE SLOWAKEI

Die Slowakei beauftragt die Bundesdruckerei mit der Produktion von ca. 3 Millionen Personalausweisen sowie 1,6 Millionen Führerscheinen nach EU-Standard. Die Dokumente werden im Scheckkarten-Format hergestellt, bestehen aus Polycarbonat und sind zur Personalisierung mit Lasergravur-Anlagen geeignet. Darüber hinaus kann in einem zweiten Schritt ein elektronischer Chip in den Personalausweis integriert werden.[7]

2009

ePÄSSE FÜR LUXEMBURG, ZYPERN UND VAE

Im Juni liefert die Bundesdruckerei ePässe der zweiten Generation sowie das dazugehörige System nach Luxemburg.[11] Sechs Monate später beauftragt Zypern die Bundesdruckerei mit der Fertigung und Lieferung von 500.000 ePässen und einem kompletten System.[12] Und auch aus Abu Dhabi erhält die Bundesdruckerei kurz darauf den Auftrag, rund eine Millionen ePässe für die Vereinigten Arabischen Emirate (VAE) zu produzieren. Das Berliner Unternehmen liefert darüber hinaus entsprechende System-Hardware und -Software.[13]

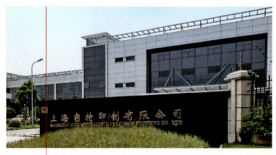

Oktober
2012

JUBILÄUM IN CHINA

20 Jahre Passproduktion in Shanghai: Die Shanghai MITE Specialty & Precision Printing Co. Ltd., feiert Jubiläum. Seit 2001 ist die Bundesdruckerei mit 25 Prozent am Unternehmen beteiligt. Sie betreibt das Joint Venture gemeinsam mit der Shanghai Banknote Printing Co. Ltd. und der Shanghai Securities Printing Co. Ltd. Die etwa 200 Mitarbeiter fertigen sämtliche chinesischen Pässe, seit 2011 ausschließlich in Form von ePässen.[14] Wurden im Jahr 2011 rund 11 Millionen davon produziert, wird für 2013 eine Steigerung auf über 20 Millionen erwartet.

März
2013

NEUE PÄSSE FÜR LIBYEN

Das nordafrikanische Land plant für 2014 gemeinsam mit der Bundesdruckerei die Einführung eines elektronischen Reisepasses. Doch die dafür notwendigen infrastrukturellen Vorbereitungen benötigen ihre Zeit, so dass die libysche Regierung das Unternehmen beauftragt, bereits 600.000 Polycarbonatpässe – ohne Chip – vorab zu produzieren. Diese werden in Berlin hergestellt und vor Ort personalisiert. Das dafür benötigte Personalisierungssystem sowie das gesamte Hintergrundsystem von der Datenerfassung bis zur Dokumentenausgabe werden ebenfalls von der Bundesdruckerei geliefert. Darüber hinaus organisiert sie zusammen mit eigenen und ortsansässigen Fachleuten sämtliche Supportleistungen rund um das neue ID-System.

JOINT VENTURE IN ABU DHABI

August **2012**

Die Emirates German Security Printing LLC in Abu Dhabi nimmt ihre Geschäftstätigkeit auf. Die Bundesdruckerei betreibt das Unternehmen gemeinsam mit der Privatization Services Group, einer Institution des Innenministeriums der Vereinigten Arabischen Emirate. Zweck der Gesellschaft ist es, ID-Lösungen für die Emirate und andere Länder im Nahen Osten zu produzieren und zu vermarkten. Die Bundesdruckerei hält einen Anteil von 49 Prozent an der Gesellschaft.[15]

Internationale Kunden und Standorte

Staaten auf der ganzen Welt vertrauen den Lösungen und Produkten der Bundesdruckerei auf dem Gebiet »Sichere Identität«. Über seine Tochtergesellschaften und Joint Ventures baut das Unternehmen das internationale Geschäft weiter aus.

Führerschein

Reykjavik
ISLAND

⑨

ePass | *ePass Diplomaten* | *ePass Ausländer* | *ePass Flüchtlinge* | *ePass staatenlose Bürger*

Luxemburg
LUXEMBURG

Standorte

Ⓐ Bundesdruckerei GmbH, BERLIN (BIS Bundesdruckerei International Services GmbH, D-TRUST GmbH)

Ⓑ DERMALOG Identification Systems GmbH, HAMBURG

Ⓒ Maurer Electronics GmbH, HAMBURG / HANNOVER / MÜNCHEN

Ⓓ CV Cryptovision, GELSENKIRCHEN

Ⓔ iNCO Spółka z o.o., POLEN

Ⓕ Emirates German Security Printing LLC, ABU DHABI

Ⓖ Shanghai MITE Speciality & Precision Printing Co. Ltd., SHANGHAI

ePass | *Kinderpass* | *ePass Diplomaten* | *ePass Ausländer* | *ePass Flüchtlinge* | *ePass staatenlose Bürge*

Personalausweis | *Führerschein* | *Aufenthaltstitel* | *Visa* | *Visa*

Berlin
DEUTSCHLAND

Kunden (Auswahl)

① Abu Dhabi, VEREINIGTE ARABISCHE EMIRATE

② Berlin, DEUTSCHLAND

③ Bratislava, SLOWAKEI

④ Bukarest, RUMÄNIEN

⑤ Caracas, VENEZUELA

⑥ Luxemburg, LUXEMBURG

⑦ Nikosia, ZYPERN

⑧ Peking, CHINA

⑨ Reykjavík, ISLAND

⑩ Sarajevo, BOSNIEN-HERZEGOWINA

⑪ Vilnius, LITAUEN

⑤

ePass

Caracas
VENEZUELA

Reisepass *eSticker* *Personalausweis*

Vilnius
LITAUEN

Führerschein

Personalausweis *Führerschein*

Bratislava
SLOWAKEI

Vorläufiger Pass

Bukarest
RUMÄNIEN

ePass

Nikosia
ZYPERN

ePass

Peking
CHINA

ePass

Sarajevo
BOSNIEN-HERZEGOWINA

Reisepass

Abu Dhabi
VEREINIGTE ARABISCHE EMIRATE

Produktive Zusammenarbeit

Gemeinsam mit Partnern aus dem In- und Ausland treibt die Bundesdruckerei die Entwicklung innovativer Lösungen und Produkte auf dem Gebiet der »Sicheren Identität« voran und investiert in Forschung und Wissenschaft. Gleichzeitig legt sie besonderen Wert darauf, »Sichere Identität« als Wirtschaftsfaktor für die Region Berlin-Brandenburg zu stärken.

11. Juli 2007

ULTRADÜNNE SICHERHEITSCHIPS

In der Forschung setzt die Bundesdruckerei auf die Zusammen-arbeit mit renommierten Einrichtungen wie dem Fraunhofer-Institut für Zuverlässigkeit und Mikrointegration (IZM), mit dem die Bundesdruckerei das »Security Lab Berlin« eröffnet: das erste von fünf Zukunftslaboren, die sich - als Kooperationsprojekte von Bundesdruckerei und Fraunhofer-Instituten - mit der Sicherheit von Identitäten, Transaktionen und Kommunikationsprozessen beschäftigen. Mit dem IZM erforscht das Unternehmen neue Technologien und Sicherheitsverfahren für chipbasierte ID-Sicher-heitsdokumente. So entwickeln IZM und Bundesdruckerei gemein-sam einen ultradünnen Chip, der in dünne Schichten eingebettet werden kann - etwa in papierbasierte Produkte, die anschließend problemlos bedruckt werden können. Bisher war dies mit integ-rierten Chips nicht möglich.[1]

NEUE IDENTITÄTSDOKUMENTE FÜR DEUTSCHLAND

November
2005 bis 2011

Der größte Kunde und starker Partner der Bundesdruckerei ist das Bundesministerium des Innern (BMI). In enger Kooperation entwickelt das Unternehmen in den Jahren 2005 bis 2011 vier neue Identitätsdokumente und führt diese in Deutschland ein: den elektronischen Reisepass der ersten und zweiten Generation, den neuen Personalausweis sowie den elektronischen Aufenthaltstitel. Alle Dokumente besitzen innovative Merkmale, die vom BMI in enger Abstimmung mit dem Bundeskriminalamt (BKA) sowie dem Bundesamt für Sicherheit in der Informationstechnik (BSI) festgelegt wurden.[2]

INNOVATIVE SICHERHEITSFARBEN

Februar
2008

Innovative Materialien und Technologien für Identitätsdokumente stehen im Fokus der Kooperation mit dem Fraunhofer-Institut für Angewandte Polymerforschung (IAP). Im »Security Lab Potsdam« erforschen die Partner zum Beispiel Sicherheitsfarben auf Basis von Polymeren. Diese Spezialfarben sind digital druckbar, farb- und materialstabil und können sowohl für Papierdokumente als auch für Sicherheitskarten verwendet werden. Außerdem wird daran gearbeitet, flexible Displays in ID-Dokumente zu integrieren.[3]

SICHERER HANDEL IM INTERNET

15. April
2008

Mit dem Fraunhofer-Institut für Offene Kommunikationssysteme (FOKUS) eröffnet die Bundesdruckerei ein weiteres Forschungslabor: das »Secure eID Lab« in Berlin. Die Mitarbeiter des Labors gehen der Frage nach, wie sich elektronische Identitäten sicher und komfortabel in eCommerce- oder eGovernment-Prozesse einbinden lassen.[4]

STANDORT STÄRKEN

Am 6. November startet das Innovationscluster »Sichere Identität Berlin-Brandenburg«, an dem sich auch die Bundesdruckerei beteiligt. Die Forschungskooperation bündelt regionale Kräfte aus Wirtschaft, Wissenschaft, Politik und Gesellschaft. Beteiligt sind die Länder Berlin und Brandenburg, fünf Hochschulen, die Fraunhofer-Institute FOKUS, HHI, IAP, IPK und IZM sowie zwölf Wirtschaftsunternehmen.[5] Gemeinsames Ziel ist es, in vier Jahren Projektlaufzeit Technologien, Produkte und Verfahren zu entwickeln, die sichere Lösungen zum Schutz der Identität von Personen, Objekten und geistigem Eigentum bieten.

Um die Rahmenbedingungen für Innovationen weiter zu verbessern, gründet die Bundesdruckerei im Oktober 2009 gemeinsam mit Partnern aus Wirtschaft und Forschung den Verein »Sichere Identität Berlin-Brandenburg«. Unter dem Vorstandsvorsitz von Ulrich Hamann dient der Verein als Anlaufstelle für das Thema, bündelt die breit gefächerten Kompetenzen der Mitglieder und fördert die Vernetzung von Akteuren aus Wirtschaft, Wissenschaft und Politik. Die Gründung ist ein weiterer wichtiger Schritt, die Region Berlin Brandenburg als erste Adresse für Innovationen im Bereich »Sichere Identität« zu etablieren.[6]

DOKUMENTE SICHER PRÜFEN

Februar **2009**

Im Forschungsprojekt »Vision ID« entwickeln die Bundesdruckerei und das Fraunhofer Institut für Produktionsanlagen und Konstruktionstechnik (IPK) neue Methoden zur Echtheitsprüfung von ID-Dokumenten.[7] Ergebnis des erfolgreich abgeschlossenen Projekts: eine deutliche Vereinfachung der bis dahin äußerst kosten- und zeitintensiven kriminaltechnischen Dokumentenprüfung.[8] Künftig kann ein hochautomatisiertes System optische und inhaltsbezogene Sicherheitsmerkmale analysieren und die Ergebnisse mit umfassenden internationalen Dokumentenvorlagen und Fälschungsvariationen abgleichen.[9]

FLEXIBLE DISPLAYS

Ein wichtiger Partner der Bundesdruckerei ist der koreanische
Display-Hersteller Samsung. Ein Höhepunkt der bisherigen
Zusammenarbeit ist die Entwicklung eines elektronischen Reise-
passes mit integriertem AMOLED-Display (Active Matrix Organic
Light Emitting Diode). Über das dünne, biegsame Display können
beispielsweise beim Reisepass die bislang in Form von Stempeln
dokumentierten Grenzübertritte angezeigt werden. Die modernen
Personaldokumente kommen ohne integrierte Batterie aus
und werden nur über die Energie eines Kontaktlos-Lesegeräts
aktiviert. Im Dezember 2008 schließen die Bundesdruckerei und
Samsung einen Kooperationsvertrag, um innovative Display-
Technologien für ID-Dokumente gemeinsam weiterzuentwickeln.[10]

NACHWUCHS AUSBILDEN

Im Fachbereich Informatik der Freien Universität Berlin wird mit
dem Umzug in ein eigenes Universitätsgebäude die Stiftungsprofessur der Bundesdruckerei für »Secure Identity« etabliert.[11]
Am deutschlandweit einzigen Lehrstuhl dieser Art vermittelt
das Studienfach Methoden und Technologien zur Sicherung von
Identitäten.[12] Mit der Stiftungsprofessur fördert das Unternehmen die Ausbildung hochqualifizierter Fachkräfte und eröffnet
Absolventen Chancen auf einen nahtlosen Berufseinstieg nach
dem Studienabschluss. [13]

NEUE ANWENDUNGSMÖGLICHKEITEN

Erstmals schreibt die Bundesdruckerei mit Partnern wie
Ageto und procilon IT-Solutions den »eIDEE-Wettbewerb für den
Digitalen Handschlag« aus. Damit fördert das Unternehmen
Anwendungsideen für die Online-Ausweisfunktion des neuen
Personalausweises.[14] Der Wettbewerb richtet sich in erster
Linie an IT-Profis, Unternehmer und Entwickler.[15] Als beste Idee
kürt die Jury im Oktober 2012 ein medienbruchfreies Szenario
zum Abschluss von Mobilfunkverträgen via Internet.[16] 2013
geht der Wettbewerb in eine zweite Runde. Partner sind dieses
Mal Drive-Now, Ergobag sowie die biw Bank für Investments und
Wertpapiere AG.

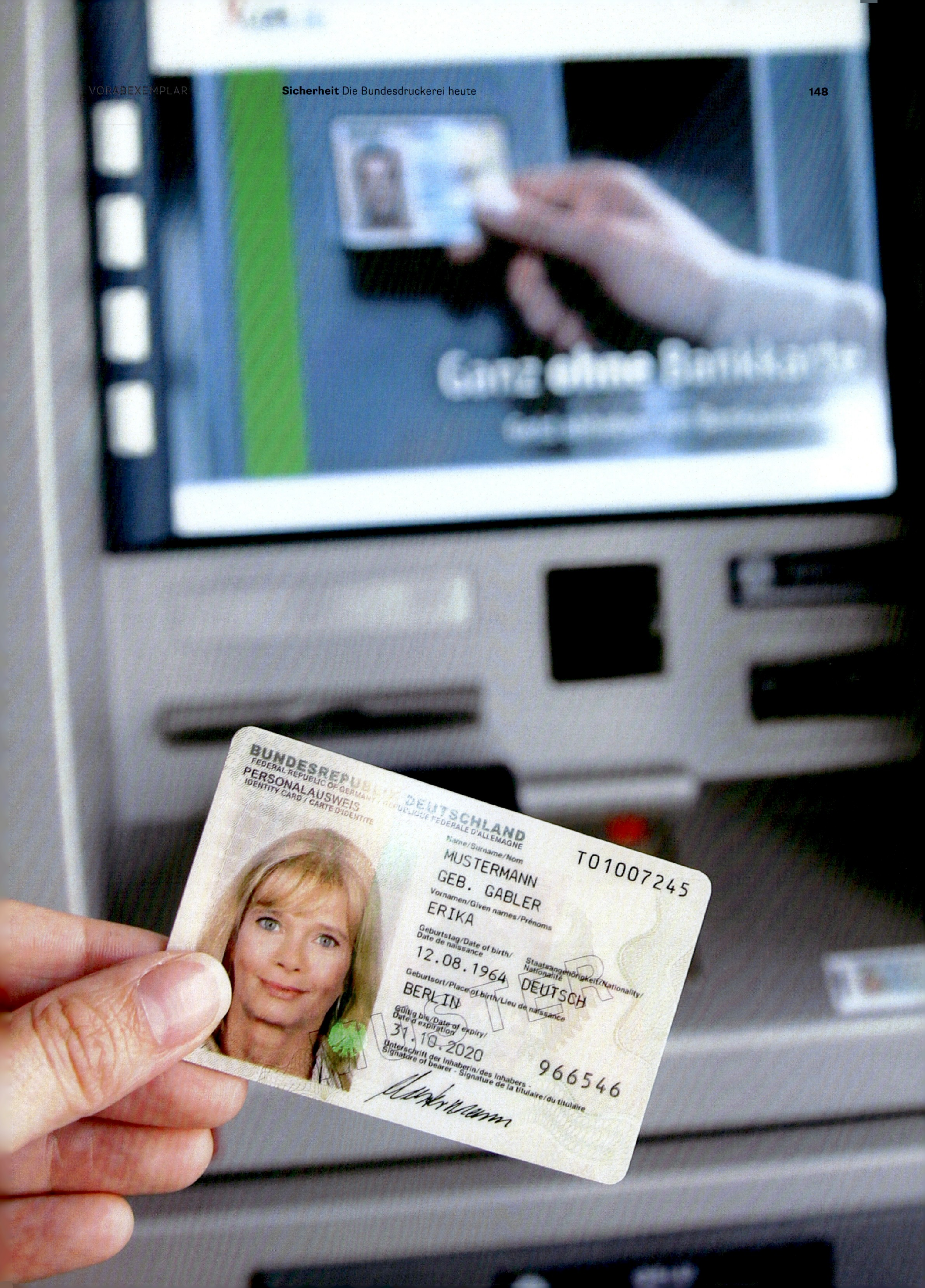
BUNDESREPUBLIK DEUTSCHLAND
PERSONALAUSWEIS
Name/Surname/Nom
MUSTERMANN
GEB. GABLER
T01007245
Vornamen/Given names/Prénoms
ERIKA
12.08.1964
DEUTSCH
BERLIN
31.10.2020
966546
MUSTER

18. September **2012**

KOOPERATION MIT DER HUMBOLDT-UNIVERSITÄT

Schwerpunkt der Arbeit im neu eröffneten Forschungslabor »BeID-Lab« (**B**erlin **e**lektronische **Id**entitäten **L**abor) ist die Entwicklung innovativer Einsatzmöglichkeiten der Online-Ausweisfunktion. Dazu stellt die Bundesdruckerei ihre selbst entwickelte Software »eIDClientCore« für ID-Experten zur Verfügung. Sie ist die Basis für die Programmierung neuer Anwendungsszenarien.[17] Die Humboldt-Universität, als Kooperationspartner der Bundesdruckerei, stellt die Software als Open Source-Code bereit.

5. März **2013**

GEBÜNDELTE INNOVATIONSKRAFT

Auf der CeBIT in Hannover fällt der Startschuss für das Fraunhofer Innovationscluster Next Generation ID. Das Cluster bündelt als Zusammenschluss der Fraunhofer-Institute FOKUS, HHI, IAP, IPK und IZM und zahlreicher Industriepartner sowie Hochschulen die notwendigen Kompetenzen, um entsprechende ID-Technologien der nächsten Generation für die Zukunft unserer Gesellschaft zu entwickeln. Es wird von den Ländern Berlin und Brandenburg unterstützt.[18]

Juni **2013**

MIT DEM AUSWEIS GELD ABHEBEN

Im Foyer der Bundesdruckerei in der Kommandantenstraße in Berlin-Kreuzberg steht der erste Geldautomat, an dem Bankkunden mithilfe der Online-Ausweisfunktion ihres Personalausweises kostenlos Bargeld abheben können. Entwickelt hat ihn die Bundesdruckerei gemeinsam mit dem IT-Dienstleister XCOM AG und der biw Bank für Investments und Wertpapiere AG. »Als Innovationstreiber im Bereich ›Sichere Identität‹ zeigen wir mit dem neuen Bargeld-Service, dass der Personalausweis zukunftsweisende und innovative Anwendungen ermöglicht«, sagt Ulrich Hamann, Vorsitzender der Geschäftsführung der Bundesdruckerei.[19]

Full-ID-Management für moderne Gesellschaften

Sichere Identitäten und IT-Infrastrukturen werden zukünftig eine noch größere Rolle im täglichen Leben spielen als heute schon. Ob im Alltag, auf Reisen und im Internet – die Bundesdruckerei bietet Lösungen und Produkte für das Identitätsmanagement von morgen.

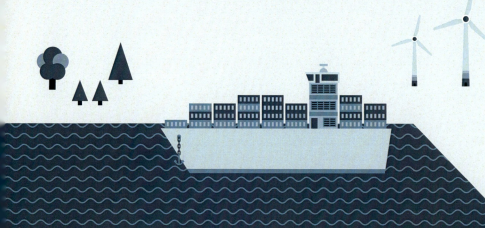

SELF-SERVICE-TERMINAL

Bürger können persönliche Daten wie Name oder Fingerabdruck selbstständig erfassen. Die Eingabe erfolgt über die Tastatur oder ein Lesegerät, das die auf dem Sicherheitchip des Personalausweises gespeicherten Daten ausliest und an ein Behörden-System übermittelt – z. B. für die Beantragung hoheitlicher Dokumente.

eGATE

eGates unterstützen bei einer effizienten Grenzkontrolle. Hintergrundsysteme der Bundesdruckerei steuern die Schleusen. Zudem prüfen Lesegeräte des Unternehmens in wenigen Sekunden die Echtheit der Reisedokumente.

SIGN-ME

Die von der Bundesdruckerei entwickelte Web-Applikation sign-me macht es möglich, mit dem neuen Personalausweis online zu unterschreiben.

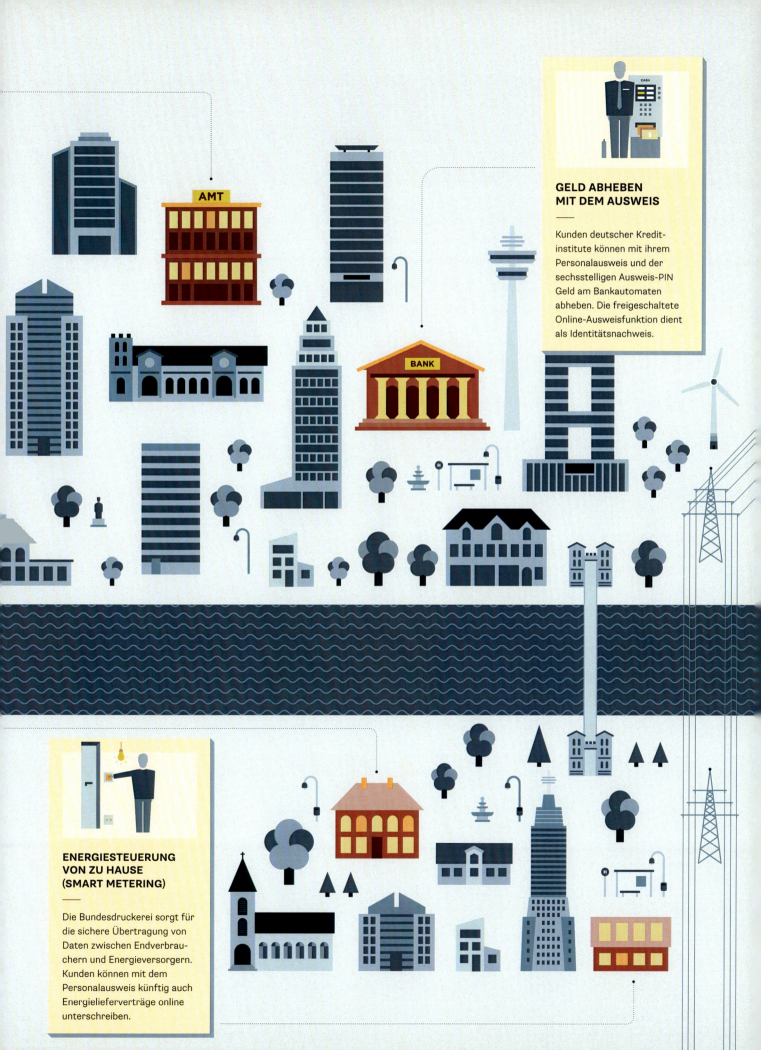

**GELD ABHEBEN
MIT DEM AUSWEIS**

Kunden deutscher Kredit-
institute können mit ihrem
Personalausweis und der
sechsstelligen Ausweis-PIN
Geld am Bankautomaten
abheben. Die freigeschaltete
Online-Ausweisfunktion dient
als Identitätsnachweis.

**ENERGIESTEUERUNG
VON ZU HAUSE
(SMART METERING)**

Die Bundesdruckerei sorgt für
die sichere Übertragung von
Daten zwischen Endverbrau-
chern und Energieversorgern.
Kunden können mit dem
Personalausweis künftig auch
Energielieferverträge online
unterschreiben.

AMT

BANK

2013

Kapitel 7

»Den Wandel managen – das ist die wichtigste Aufgabe«

Zukunftsmärkte: Online-Identitäten und Sicherheitssysteme für Unternehmen

Die Bundesdruckerei hat sich vom traditionellen Wertdruckunternehmen zu einem international angesehenen Systemanbieter für Hochsicherheitstechnologie entwickelt. An diesem Wandel war Ulrich Hamann – seit 2004 Sprecher bzw. Vorsitzender der Geschäftsführung – maßgeblich beteiligt. Im Interview erläutert der Spezialist für sichere Identitäten, wie das Unternehmen für die Zukunft aufgestellt ist.

Herr Hamann, die Ursprünge der Bundesdruckerei und ihrer Vorgänger reichen 250 Jahre zurück. Was macht das Unternehmen so erfolgreich?

Die Qualität und Zuverlässigkeit unserer Leistungen. Weltweit vertrauen Staaten und Regierungen sowie Unternehmen aus der Privatwirtschaft darauf. Die wichtigste Aufgabe in den vergangenen Jahren war es allerdings, den Wandel zu managen: Wir haben unseren Fokus immer stärker auf den Wachstumsmarkt »Sichere Identität« ausgerichtet. Unsere lange Erfahrung auf diesem Gebiet trägt maßgeblich dazu bei, dass wir jetzt innovative Lösungen für den sicheren Schutz persönlicher Identitäten inklusive modernster Identitätsdokumente bereitstellen können. Unser Portfolio fassen wir unter dem Begriff Full-ID-Management zusammen.

Sie sagten, sichere Identitäten seien ein Wachstumsmarkt. Ist der nicht gesättigt, wenn alle Bürger in Deutschland mit dem Personalausweis bzw. dem elektronischen Aufenthaltstitel ausgestattet sind?

Nein, noch lange nicht. Viele sind sich der gesellschaftspolitischen und wirtschaftlichen Dimension dieses Themas gar nicht richtig bewusst. Wir alle werden in der digitalen Welt zunehmend mobil. Und auch Unternehmen und Behörden erledigen einen Großteil der Geschäftsprozesse online. Wichtig ist, dass alle Beteiligten wissen, mit wem sie es jenseits der Datenleitungen zu tun haben. Nur so können sie sich vertrauen – und sind bereit für den »digitalen Handschlag«. Hier kommen wir ins Spiel und stellen ein umfassendes ID-Management bereit. Auf diesem Feld haben wir uns als anerkannter Impulsgeber etabliert. Darüber hinaus ziehen strengere Sicherheitsbestimmungen für Reise- und Ausweisdokumente einen großen Bedarf an neuen Lösungen für hoheitliche ID-Systeme nach sich.

**Bei der Grenzkontrolle sind Lösungen der Bundes-
druckerei ja bereits sehr gefragt. Welche konkreten
Trends sehen Sie hier?**

Automatisierte Grenzkontrollsysteme werden
schon bald selbstverständlich sein. Daran führt kein
Weg vorbei. Da wir schon seit mehr als 200 Jahren
Identitätsdokumente entwickeln und produzieren, sind wir auch prädestiniert, diese zu prüfen.
Erst vor kurzem haben wir eine Ausschreibung
des Beschaffungsamtes des Bundesministerium
des Innern gewonnen: Zusammen mit unserem
Konsortialpartner secunet Security Networks
AG werden wir die Flughäfen in Deutschland mit
eGates ausstatten. Sie ermöglichen eine automatisierte, besonders schnelle Kontrolle der Identität der Reisenden. Das verkürzt die Prozesse
am Flughafen erheblich, ohne dass die Sicherheit
leidet. Unser Fachwissen und unsere Systeme
für eine automatisierte Grenzkontrolle bieten wir
auch international an. Ein Fokus der Entwicklungsarbeit liegt dabei auf einem ID-Management-Sys-
tem, dass es möglich macht, die Grenzkontroll-
vorgaben für verschiedene Flughäfen zentral zu
steuern – je nachdem, was die aktuelle Sicherheitslage erfordert.

**Partnerschaften scheinen für die Bundesdruckerei
an Bedeutung zu gewinnen. Am Biometrie-Spezialis-
ten Dermalog sowie am Kryptospezialisten cryptovision sind Sie mittlerweile sogar beteiligt. Warum?**

In beiden Fällen konnten wir unser technologi-
sches Know-how stärken und unsere Wettbewerbs-
situation verbessern. Dermalog zählt weltweit
zu den führenden Anbietern von automatischen
Fingerabdruck-Identifikationssystemen. Aktuell
arbeitet das Unternehmen an Projekten in Brasilien,
Indonesien, Malaysia und Brunei. Cryptovision ist
auf die Entwicklung moderner Verschlüsselungs-
verfahren und Public-Key-Infrastrukturen spezialisiert. Diese komplexen Sicherheitssysteme sind
für den Schutz von persönlichen Daten und ver-
traulichen Informationen im Internet von zentraler
Bedeutung und international gefragt.

„
Unsere lange Erfahrung im Bereich »Sichere Identität« trägt maßgeblich dazu bei, dass wir heute **innovative Lösungen** *für den sicheren Schutz persönlicher Identitäten inklusive modernster Identitätsdokumente bereitstellen können.*
"

Blicken wir noch mal weiter nach vorne: Wie sieht die ID-Welt von morgen aus?

Der Wandel hin zu einer noch mobileren und hoch digitalisierten Gesellschaft lässt sich nicht mehr aufhalten. Vor diesem Hintergrund wird der Schutz von Identitäten für Bürger, Unternehmen und den Staat zum zentralen Thema unseres Jahrhunderts. Die aktuellen Diskussionen rund um Datenschutz und -sicherheit sowie das Thema Industriespionage treiben die Entwicklungen von ganzheitlichen, sicheren ID-Systemen weiter voran. Künftig müssen nicht nur alle stationären, sondern auch alle mobilen Web-Schnittstellen und Online-Transaktionen besser abgesichert werden. Identitäten von Personen, Unternehmen und Objekten sind sowohl für das Individuum als auch für die Gesellschaft wertvolle Güter, die es zu schützen gilt.

Und wie rüsten Sie die Bundesdruckerei für dieses Zukunftsszenario?

Indem wir zum einen kontinuierlich unsere Positionierung überprüfen und neue interessante Geschäftsfelder und internationale Märkte erschließen. Zum anderen entwickeln wir Produkte und Lösungen für das Management sicherer Identitäten weiter – und zwar nicht nur bezogen auf Personen, sondern auch auf Objekte. Das sogenannte Internet der Dinge wird kommen. Denken Sie beispielsweise an intelligente Stromzähler mit Internetanbindung. Dafür ist ein sicheres ID-Management nötig. Denn nur dann ist sichergestellt, wer auf die Daten zugreifen darf.

ZUR PERSON

Ulrich Hamann ist Vorsitzender der Geschäftsführung der Bundesdruckerei (CEO). In dieser Funktion hat er den Wandel des einstigen Wertdruckunternehmens zum international angesehenen ID-Systemanbieter maßgeblich gestaltet. Er engagiert sich, den Wirtschaftsfaktor »Sichere Identität« für die Region Berlin/Brandenburg zu stärken sowie das Thema im gesellschaftlichen Bewusstsein weiter zu verankern.

Wir stellen uns für die Zukunft auf, indem wir zum einen kontinuierlich unsere Positionierung überprüfen und neue interessante Geschäftsfelder sowie **internationale Märkte** *erschließen. Zum anderen entwickeln wir Produkte und Lösungen für das Management sicherer Identitäten ständig weiter.*

Nennen Sie uns ein paar aktuelle Beispiele für Ihre Entwicklungsarbeit?

Aktuell läuft die Pilotphase von sign-me - einer Applikation, die erstmals die Online-Unterschrift mit dem neuen Personalausweis ermöglicht. Künftig brauchen wir multifunktionale Ausweisdokumente, die wir sowohl in der analogen als auch in der digitalen Welt einsetzen können. Deshalb beschäftigen wir uns mit der »System-on-Document«-Technologie. Das heißt, ein komplexes System mit Sicherheitschip, Antenne, Hochfrequenz-Energieversorgung, Sensor und Display ist direkt in das Identitätsdokument eingebettet. Außerdem arbeiten unsere Spezialisten daran, die Online-Ausweisfunktion für mobile Endgeräte nutzbar zu machen. Das geht mithilfe sogenannter Softtoken: Damit werden Identitäten vom Personalausweis abgeleitet und in einem sicheren Bereich des Smartphones, dem sogenannten Secure Element, gespeichert. Der Bürger kann dann seine Ausweisdaten über das Smartphone sicher verwenden. Ich bin überzeugt: Der mobilen Kommunikation gehört die Zukunft - und wir werden diesen Trend mitgestalten.

Wie gelingt es der Bundesdruckerei, solche Innovationen voranzutreiben?

Eine bedeutende Rolle spielen unsere hochspezialisierten Mitarbeiter - darunter Kryptologen, Informatiker und Nachrichtentechniker. Entscheidend ist außerdem die Zusammenarbeit mit starken Partnern. Das Fraunhofer-Innovationscluster »Next Generation ID« etwa bündelt Kompetenzen aus Wissenschaft und Industrie, damit aus guten Ideen zügig marktreife Produkte entstehen.

Hat der Standort Berlin für Ihr Unternehmen eine besondere Bedeutung?

Insgesamt bietet die Stadt natürlich den idealen Nährboden für Innovationen. Sie ist ein Anziehungspunkt für kreative und technologieaffine Menschen aus der ganzen Welt. Wichtig ist es auch, unsere Themen stärker im Bewusstsein der Bevölkerung zu verankern. Sichere Identitäten zu schützen, hat höchste Priorität. Hier müssen Politik, Wissenschaft und Wirtschaft eng zusammenarbeiten. Auch dafür ist Berlin der ideale Ort.

An der Spitze des Unternehmens

Seit den Anfängen im Jahr 1763 haben knapp 30 verschiedene Direktoren, Präsidenten und Geschäftsführer die Geschicke der Bundesdruckerei sowie ihrer Vorgängerunternehmen gelenkt. Sie haben in ihrer jeweiligen Zeit Verantwortung getragen, Zeichen gesetzt und damit die Weichen gestellt, die das Unternehmen auf seinem Weg durch die Geschichte geführt haben.

Georg Jacob Decker I.
Decker erhält im Jahr 1763 vom preußischen König Friedrich II. das Privileg des Staatsdrucks für den königlichen Hof.

Heinz-Günter Gondert
Gondert entwickelt maßgeblich das Restrukturierungsmodell für die authentos.

Ulrich Hamann
Hamann ist Experte für sichere Identitäten. Mit ihm wandelt sich die Bundesdruckerei zu einem ID-Systemanbieter.

Konrad Schmidt-Torner
In seiner Präsidentschaft sieht er sich mit den Herausforderungen des Linksterrorismus konfrontiert, der das Sicherheitsbedürfnis im Bereich von ID-Dokumenten erhöht.

Prof. Willi Berchtold
Berchtold ist der aktuelle Aufsichtsratsvorsitzende der Bundesdruckerei.

Johann Wilhelm Wedding
Wedding ist an der Ausarbeitung von Vorschlägen zur Errichtung der Königlich-Preußischen Staatsdruckerei beteiligt.

Klaus Spreen
Spreen begleitet in seiner Präsidentschaft die Entwicklung neuer Personalausweise und Reisepässe.

Direktoren, Präsidenten und
Vorsitzende der Geschäftsführung

1763–1792	GEORG JACOB DECKER I.
1792–1819	GEORG JACOB DECKER II.
1819–1829	KARL GUSTAV DECKER
1819–1877	RUDOLF LUDWIG DECKER
1866–1872	JOHANN WILHELM WEDDING
01.1873–03.1896	KARL BUSSE
01.1896–10.1902	ULRICH JOHANN WENDT
10.1902–02.1909	CHRISTIAN KARL JAKOB LANDBECK
02.1909–04.1919	HEINRICH GOTTFRIED GÖRTE
11.1918–04.1919	GEORG RUBACH
08.1919–06.1933	FRANZ HELMBERGER
06.1933–10.1941	HANS HENSEL
11.1941–05.1945	HANS-ULRICH MÖLLER
06.1945–02.1949	WILLY SCHRÖDER
08.1945–1948	PAUL MÖLLER
09.1949–10.1962	KURT DIETZMANN
11.1962–07.1966	WERNER ALBRECHT
08.1966–01.1968	KURT PFLIGER
03.1968–08.1972	KONRAD SCHMIDT-TORNER
09.1972–03.1976	Dr. HEINZ FICKEL
04.1976–04.1989	KLAUS SPREEN
04.1989–03.1990	HELMUT BIELEFELD
03.1990–03.1999	RÜDIGER BOCK
07.1999–01.2002	ERNST-THEODOR MENKE
07.1999–12.2001	HARALD WENDEL
01.2002–10.2002	MICHAEL PAWLOWSKI
09.2002–02.2004	Dr. ULRICH WÖHR
Seit 02.2004	ULRICH HAMANN

Aufsichtsratsvorsitzende

08.1994–06.1999	GERHARD O. PFEFFERMANN
07.1999–12.2002	Prof. MANFRED LAHNSTEIN
01.2003–08.2009	HEINZ-GÜNTER GONDERT
Seit 12.2009	Prof. WILLI BERCHTOLD

Anhang

Teil I

KAPITEL 1

1 – Vgl. Potthast, August: Abstammung der Familie Decker. Festschrift bei Hundertjähriger Dauer des Königlichen Privilegii der Geheimen Ober-Hofbuchdruckerei am 26. Oktober 1863, Berlin 1863, S. 27.

2 – Vgl. Potthast, August: Abstammung der Familie Decker. Festschrift bei Hundertjähriger Dauer des Königlichen Privilegii der Geheimen Ober-Hofbuchdruckerei am 26. Oktober 1863, Berlin 1863, S. 20 und S. 25 f; vgl. Ernst Crous, Der Werdegang des Berliner Buchdrucks, Berlin 1929, S. 9; vgl. Eintrag »Decker« in: Schmidt, Rudolf: Deutsche Buchhändler Deutsche Buchdrucker. Beiträge zu einer Firmengeschichte des deutschen Buchgewerbes, Berlin 1902, S. 166-172, hier S. 167.

3 – Vgl. Potthast, August: Abstammung der Familie Decker. Festschrift bei Hundertjähriger Dauer des Königlichen Privilegii der Geheimen Ober-Hofbuchdruckerei am 26. Oktober 1863, Berlin 1863, S. 23 f.

4 – Zitiert nach: Potthast, August: Abstammung der Familie Decker. Festschrift bei Hundertjähriger Dauer des Königlichen Privilegii der Geheimen Ober-Hofbuchdruckerei am 26.Oktober 1863, Berlin 1863, S. 27.

5 – Zitiert nach: Potthast, August: Abstammung der Familie Decker. Festschrift bei Hundertjähriger Dauer des Königlichen Privilegii der Geheimen Ober-Hofbuchdruckerei am 26. Oktober 1863, Berlin 1863, S. 28.

6 – Vgl. Potthast, August: Abstammung der Familie Decker. Festschrift bei Hundertjähriger Dauer des Königlichen Privilegii der Geheimen Ober-Hofbuchdruckerei am 26. Oktober 1863, Berlin 1863, S. 28, S. 58.

7 – Vgl. Eintrag zu Decker, in: Biographisches Lexikon des Deutschen Buchhandels der Gegenwart. Unter Berücksichtigung der hervorragendsten Vertreter des Buchgewerbes der alten Zeit und des Auslandes. Mit einem Lichtdruckbilde und 25 Portraits. Nach Originalquellen bearbeitet von Karl Fr. Pfau, Leipzig 1890, S. 88-90, hier S. 89.

8 – Vgl. Eintrag »Decker« in: Schmidt, Rudolf: Deutsche Buchhändler Deutsche Buchdrucker. Beiträge zu einer Firmengeschichte des deutschen Buchgewerbes, Berlin 1902, S. 166-172, hier S. 168.

9 – Vgl. GSaP, I. HA Rep. 151, III, 523. Das dem Geheimen Oberhofbuchdrucker erteilte Privileg zum Abdruck aller Drucksachen für die Landesdikasterien in Berlin und die Preise der von Decker zu liefernden Drucksachen (1769) 1810-1812. Der Titel »Geheim« hatte ursprünglich etwas mit Geheimnisträgerschaft zu tun. Geheimräte waren zunächst die Mitglieder eines Gremiums, das die Fürsten direkt beraten hat und daher mit Vorgängen betraut war, die im Interesse des Fürsten nicht an die Öffentlichkeit geraten sollten. Später wurde es eher zu einem Ehrentitel.

10 – Vgl. Fünfzig Jahre Reichsdruckerei 1879-1929. Mit einem Rückblick auf den Berliner Buchdruck für Hof und Staat bis zur Begründung der Reichsdruckerei, verfasst und hrsg. von der Direktion der Reichsdruckerei unter Mitwirkung von Dr. Ernst Crous, Berlin 1929, S. 53.

11 – Bornemann, Wilhelm: Plattdeutsche Gedichte nach dem Willen des Verfassers herausgegeben, gedruckt bei Georg Decker, Königl. Geh. Ober-Hofbuchdrucker, Berlin 1810, 131 S.
Mayer, Johann Christian Andreas: Anatomische Beschreibung der Blutgefäße des menschlichen Körpers. 2. vermehrte u. verbesserte Aufl., G. J. Decker, Berlin 1788.
Mayer, Johann Christian Andreas: Anatomische Kupfertafeln nebst dazugehörigen Erklärungen, G. J. Decker und Heinrich Rottmann (Heft 5 und 6), Berlin/Leipzig 1783-1794.

12 – Vgl. Sendner, Manfred: Der weite Weg zur Bundesdruckerei. Ihre geschichtliche Entwicklung, Leistungen und so mancherlei, S. 43.

13 – Vgl. Potthast, August: Abstammung der Familie Decker. Festschrift bei Hundertjähriger Dauer des Königlichen Privilegii der Geheimen Ober-Hofbuchdruckerei am 26. Oktober 1863, Berlin 1863, S. 26.

14 – Vgl. Fleischmann: Die Reichsdruckerei. Ihre geschichtliche Entwicklung, Aufgaben und rechtliche Stellung, in: Jahrbuch des Postwesens, 1937, S. 126-171, hier S. 129.

15 – Vgl. Eintrag zu Decker, in: Biographisches Lexikon des Deutschen Buchhandels der Gegenwart. Unter Berücksichtigung der hervorragendsten Vertreter des Buchgewerbes der alten Zeit und des Auslandes. Mit einem Lichtdruckbilde und 25 Portraits. Nach Originalquellen bearbeitet von Karl Fr. Pfau, Leipzig 1890, S. 88-90, hier S. 89.

16 – Vgl. vor allem Reisen, Andreas: Der Passexpedient. Geschichte der Reisepässe und Ausweisdokumente – vom Mittelalter bis zum Personalausweis im Scheckkartenformat, Baden-Baden 2012.

17 — Vgl. Sendner, Manfred: Der weite Weg zur Bundesdruckerei. Ihre geschichtliche Entwicklung, Leistungen und so mancherlei, S. 45; vgl. Fleischmann: Die Reichsdruckerei. Ihre geschichtliche Entwicklung, Aufgaben und rechtliche Stellung, in: Jahrbuch des Postwesens, 1937, S. 126-171, hier: S. 130.

18 — Vgl. GSaP, I. HA Rep. 151, IB, 339/1, Einrichtung, Betrieb und Beamte der Staatsdruckerei, Bd. 1, 1850-1858.

19 — Vgl. Sendner, Manfred: Der weite Weg zur Bundesdruckerei. Ihre geschichtliche Entwicklung, Leistungen und so mancherlei, S. 45.

20 — Vgl. Sendner, Manfred: Der weite Weg zur Bundesdruckerei. Ihre geschichtliche Entwicklung, Leistungen und so mancherlei, S. 45.

21 — Vgl. GSaP, I. HA Rep. 151, IB, 339/1, Einrichtung, Betrieb und Beamte der Staatsdruckerei, Bd. 1, 1850-1858.

22 — Vgl. Fleischmann: Die Reichsdruckerei. Ihre geschichtliche Entwicklung, Aufgaben und rechtliche Stellung, in: Jahrbuch des Postwesens, 1937, S. 126-171, hier: S. 131.

23 — Vgl. Sendner, Manfred: Der weite Weg zur Bundesdruckerei. Ihre geschichtliche Entwicklung, Leistungen und so mancherlei, S. 45.

24 — Vgl. Fünfzig Jahre Reichsdruckerei 1879-1929. Mit einem Rückblick auf den Berliner Buchdruck für Hof und Staat bis zur Begründung der Reichsdruckerei, verfasst und hrsg. von der Direktion der Reichsdruckerei unter Mitwirkung von Dr. Ernst Crous, Berlin 1929, S. 70. Zu Württemberg: Vgl. BArch, R 4701/16536, Einrichtung und Dienstbetrieb einer reichseigenen Druckerei (Reichsdruckerei), Bd. 1 (1873-1877).

25 — Vgl. Sendner, Manfred: Der weite Weg zur Bundesdruckerei. Ihre geschichtliche Entwicklung, Leistungen und so mancherlei, S. 46; vgl. Fünfzig Jahre Reichsdruckerei 1879-1929. Mit einem Rückblick auf den Berliner Buchdruck für Hof und Staat bis zur Begründung der Reichsdruckerei, verfasst und hrsg. von der Direktion der Reichsdruckerei unter Mitwirkung von Dr. Ernst Crous, Berlin 1929, S. 70.

26 — Vgl. Fünfzig Jahre Reichsdruckerei 1879-1929. Mit einem Rückblick auf den Berliner Buchdruck für Hof und Staat bis zur Begründung der Reichsdruckerei, verfasst und hrsg. von der Direktion der Reichsdruckerei unter Mitwirkung von Dr. Ernst Crous, Berlin 1929, S. 70 f.

27 — Vgl. Sendner, Manfred: Der weite Weg zur Bundesdruckerei. Ihre geschichtliche Entwicklung, Leistungen und so mancherlei, S. 46.

28 — Vgl. Sendner, Manfred: Der weite Weg zur Bundesdruckerei. Ihre geschichtliche Entwicklung, Leistungen und so mancherlei, S. 46.

29 — Vgl. Sendner, Manfred: Der weite Weg zur Bundesdruckerei. Ihre geschichtliche Entwicklung, Leistungen und so mancherlei, S. 46; vgl. Zweite Beilage zur Vossischen Zeitung Nr. 63 vom 16. März 1877, ohne Seitenangabe.

30 — Vgl. Fünfzig Jahre Reichsdruckerei 1879-1929. Mit einem Rückblick auf den Berliner Buchdruck für Hof und Staat bis zur Begründung der Reichsdruckerei, verfasst und hrsg. von der Direktion der Reichsdruckerei unter Mitwirkung von Dr. Ernst Crous, Berlin 1929, S. 65 f.

31 — Vgl. Archiv Bundesdruckerei, Vertrag zwischen der preußischen Post- und Telegraphenverwaltung und der Geheimen Ober-Hofbuchdruckerei vom 27. Februar 1877, in: Akten betreffend: Erwerbung der Geh. Ober-Hofbuchdruckerei R. v. Decker für das Deutsche Reich.

32 — Vgl. Fünfzig Jahre Reichsdruckerei 1879-1929. Mit einem Rückblick auf den Berliner Buchdruck für Hof und Staat bis zur Begründung der Reichsdruckerei, verfasst und hrsg. von der Direktion der Reichsdruckerei unter Mitwirkung von Dr. Ernst Crous, Berlin 1929, S. 67; vgl. Gnewuch, Gerd: 100 Jahre Bundesdruckerei, Berlin 1979, S. 17.

33 — Archiv Bundesdruckerei, Denkschrift betreffend der Abtretung der Preußischen Staatsdruckerei an das Deutsche Reich, S. 30-31, hier S. 30, in: Akten betreffend die Erwerbung der Königl. Preuss. Staatsdruckerei für das Reich.

34 — Archiv Bundesdruckerei, Akten betreffend die Erbauung und Errichtung der Preuss. Staatsdruckerei, Vertrag zwischen Preußen und dem Reich über die Abtretung der preußischen Staatsdruckerei (Datum fehlt), §1.

35 — Vgl. Archiv Bundesdruckerei, Akten betreffend die Erwerbung der Königl. Preuss. Staatsdruckerei für das Deutsche Reich, Gesetz, betreffend die Erwerbung der Königlich preußischen Staatsdruckerei für das Reich vom 15. Mai 1879, §2, in: Reichsgesetzblatt No. 13 (1879), S. 139.

36 — Vgl. Archiv Bundesdruckerei, Brief des General-Postmeisters an sämmtliche Kaiserliche Ober-Postdirektionen vom 6. Juli 1879; vgl. Fünfzig Jahre Reichsdruckerei 1879-1929. Mit einem Rückblick auf den Berliner Buchdruck für Hof und Staat bis zur Begründung der Reichsdruckerei, verfasst und hrsg. von der Direktion der Reichsdruckerei unter Mitwirkung von Dr. Ernst Crous, Berlin 1929, S. 64.

Quellennachweise Marginaltexte

S. 12 – Vgl. Eintrag zu Decker, in: Biographisches Lexikon des Deutschen Buchhandels der Gegenwart. Unter Berücksichtigung der hervorragendsten Vertreter des Buchgewerbes der alten Zeit und des Auslandes. Mit einem Lichtdruckbilde und 25 Portraits. Nach Originalquellen bearbeitet von Karl Fr. Pfau, Leipzig 1890, S. 88-90, hier S. 88 f; vgl. Potthast, August: Abstammung der Familie Decker. Festschrift bei Hundertjähriger Dauer des Königlichen Privilegii der Geheimen Ober-Hofbuchdruckerei am 26. Oktober 1863, Berlin 1863, S. 60; vgl. Eintrag »Decker«, in: Schmidt, Rudolf: Deutsche Buchhändler Deutsche Buchdrucker. Beiträge zu einer Firmengeschichte des deutschen Buchgewerbes, Berlin 1902, S. 166-172, hier S. 168.

S. 14 – Vgl. Fünfzig Jahre Reichsdruckerei 1879-1929. Mit einem Rückblick auf den Berliner Buchdruck für Hof und Staat bis zur Begründung der Reichsdruckerei, verfasst und hrsg. von der Direktion der Reichsdruckerei unter Mitwirkung von Dr. Ernst Crous, Berlin 1929, S. 62.

S. 15 – Vgl. Sendner, Manfred: Der weite Weg zur Bundesdruckerei. Ihre geschichtliche Entwicklung, Leistungen und so mancherlei, S. 43.

S. 16 – Vgl. Sendner, Manfred: Der weite Weg zur Bundesdruckerei. Ihre geschichtliche Entwicklung, Leistungen und so mancherlei, S. 46.

S. 18 – Vgl. Sendner, Manfred: Der weite Weg zur Bundesdruckerei. Ihre geschichtliche Entwicklung, Leistungen und so mancherlei, S. 46.

S. 19 – Zitiert nach: Fünfzig Jahre Reichsdruckerei 1879-1929. Mit einem Rückblick auf den Berliner Buchdruck für Hof und Staat bis zur Begründung der Reichsdruckerei, verfasst und hrsg. von der Direktion der Reichsdruckerei unter Mitwirkung von Dr. Ernst Crous, Berlin 1929, S. 52.

S. 21 – Vgl. Sendner, Manfred: Der weite Weg zur Bundesdruckerei. Ihre geschichtliche Entwicklung, Leistungen und so mancherlei, S. 47.

S. 23 – Vgl. Archiv Bundesdruckerei, Akten betreffend Erwerbung der Geh. Ober-Hofbuchdruckerei R. v. Decker für das Deutsche Reich, Vertrag zwischen der preußischen Post- und Telegraphenverwaltung und der Geheimen Ober-Hofbuchdruckerei vom 27. Februar 1877; vgl. Die Getreidepreise in Berlin 1791 bis 1935, hrsg. vom Statistischen Reichsamt, Berlin 1935.

Infokasten Steindruck

S. 22 – Vgl. Artikel »Lithographie«, in: Bernhard Laufer, Rund um den Druck. Kleines Fachlexikon für alle, die mit der Druckindustrie zu tun haben, Itzehoe 1989, S. 70 f.

Sicherheitsmerkmale eines Reisepasses

S. 24 – Vgl. Reisen, Andreas: Der Passexpedient. Geschichte der Reisepässe und Ausweisdokumente – vom Mittelalter bis zum Personalausweis im Scheckkartenformat, Baden-Baden 2012, S. 17, S. 40, S. 42, S. 65; vgl. ePass Fibel 2007. Informationen zum elektronischen Reisepass, hrsg. von der Bundesdruckerei, Berlin 2007, S. 6 f; vgl. Webseite der Bundesdruckerei; vgl. ePass Pocket Guide 2013.

KAPITEL 2

1 – Vgl. Fleischmann: Die Reichsdruckerei. Ihre geschichtliche Entwicklung, Aufgaben und rechtliche Stellung, in: Jahrbuch des Postwesens 1937, S. 126-171, hier S. 158 ff, S. 166; vgl. Gnewuch, Gerd: 100 Jahre Bundesdruckerei, Berlin 1979, S. 18 f, S. 42.

2 – Vgl. Archiv Bundesdruckerei, Bericht über die Ergebnisse der Reichs-Post- und Telegraphenverwaltung während der Etats-Jahre 1888-1890, Berlin 1891, S. 98.

3 – Vgl. Keller, Walter E.: Vom Zeitungsviertel zum Medienquartier, Treuchtlingen/Berlin 2003.

4 – Zitiert nach: Gnewuch, Gerd: 100 Jahre Bundesdruckerei, Berlin 1979, S. 163 f; vgl. auch BArch, R 4701/16578, Personal der Reichsdruckerei, Bd. 2 1874-1909.

5 – Vgl. Archiv Bundesdruckerei, Personalstammrollen der Reichsdruckerei.

6 – Gesetzliche und grundsätzliche Bestimmungen über die Errichtung und Verwaltung der Reichsdruckerei, das Unterstützungswesen und das Dienstverhältnis der Werkleute und Arbeiter, Berlin 1896, zitiert nach: Gnewuch, Gerd: 100 Jahre Bundesdruckerei, Berlin 1979, S. 63.

7 – Vgl. Gnewuch, Gerd: 100 Jahre Bundesdruckerei, Berlin 1979, S. 82 f.

8 – Vgl. Reichsdruckerei Berlin. Kurze Geschichte seit 1879, mit Lageplan, Berlin 1914.

9 – Vgl. Die Reichsdruckerei in Berlin. Präsentation der Reichsdruckerei zur Weltausstellung in St. Louis, Berlin 1904.

10 – Vgl. Reichsdruckerei Berlin. Kurze Geschichte seit 1879, mit Lageplan, Berlin 1914.

11 — Fleischmann: Die Reichsdruckerei. Ihre geschichtliche Entwicklung, Aufgaben und rechtliche Stellung, in: Jahrbuch des Postwesens 1937, S. 126-171, hier S. 162.

12 — Vgl. Fleischmann: Die Reichsdruckerei. Ihre geschichtliche Entwicklung, Aufgaben und rechtliche Stellung, in: Jahrbuch des Postwesens 1937, S. 126-171, hier S. 161 ff.

13 — Vgl. Reichsdruckerei Berlin. Kurze Geschichte seit 1879, mit Lageplan, Berlin 1914; vgl. Gnewuch, Gerd: 100 Jahre Bundesdruckerei, Berlin 1979, S. 89.

14 — Vgl. BArch, R4701/16566.

15 — Vgl. Reichsdruckerei Berlin. Kurze Geschichte seit 1879, mit Lageplan, Berlin 1914; vgl. Gnewuch, Gerd: 100 Jahre Bundesdruckerei, Berlin 1979, S. 89.

16 — Vgl. Gnewuch, Gerd: 100 Jahre Bundesdruckerei, Berlin 1979, S. 89 f, S. 92.

17 — Vgl. Gnewuch, Gerd: 100 Jahre Bundesdruckerei, Berlin 1979, S. 153 ff.

18 — Vgl. Nipperdey, Thomas: Deutsche Geschichte. 1800-1918, München 1998. Auch zum Folgenden.

19 — Vgl. Archiv Bundesdruckerei.

20 — Vgl. Nipperdey, Thomas: Deutsche Geschichte. 1800-1918, München 1998; vgl. Gnewuch, Gerd: 100 Jahre Bundesdruckerei, Berlin 1979, S. 92.

21 — Vgl. LAB, F Rep. 260-01, Nr. C 0022; vgl. LAB, F Rep. 260-01, Nr. A 0171 und Nr. A 0280.

22 — Vgl. Gnewuch, Gerd: 100 Jahre Bundesdruckerei, Berlin 1979, S. 50, S. 92 f, S. 128. Auch zu Folgendem.

23 — Vgl. Gnewuch, Gerd: 100 Jahre Bundesdruckerei, Berlin 1979, S. 143.

24 — Vgl. LAB, F Rep 260-01. In der Akte Nr. C 0022 ist ein Plakat mit einem Aufruf an Kriegsfreiwillige dokumentiert, das auf den 13. August 1914 datiert ist. Als Druckerei des Plakats ist die Reichsdruckerei vermerkt.

25 — Vgl. LAB, F Rep. 260-01, Nr. A 0171 und Nr. A 0280; vgl. LAB, F Rep. 260-01, Nr. C 0022.

26 — Vgl. Reisen, Andreas: Der Passexpedient. Geschichte der Reisepässe und Ausweisdokumente - vom Mittelalter bis zum Personalausweis im Scheckkartenformat, Baden-Baden 2012, S. 96. Ein Nachweis, dass alle Pässe in der Reichsdruckerei gedruckt werden, liegt nicht vor. Allerdings ist anzunehmen, dass die Reichsdruckerei diese Aufgabe übernommen hat, weil Pässe vor 1914 und nach 1922 archiviert sind, die mit dem Vermerk »Reichsdruckerei« versehen sind.

27 — Vgl. Gnewuch, Gerd: 100 Jahre Bundesdruckerei, Berlin 1979, S. 165.

28 — Vgl. Fleischmann: Die Reichsdruckerei. Ihre geschichtliche Entwicklung, Aufgaben und rechtliche Stellung, in: Jahrbuch des Postwesens 1937, S. 126-171, hier S. 154 f; vgl. Gnewuch, Gerd: 100 Jahre Bundesdruckerei, Berlin 1979, S. 50.

29 — Vgl. Nipperdey, Thomas: Deutsche Geschichte. 1800-1918, München 1998.

30 — Vgl. Bericht über die Tätigkeit des Arbeiterrats der Reichsdruckerei für die Zeit vom November 1918 bis Ende des Jahres 1919, Berlin 1920, S. 5.

31 — Bericht über die Tätigkeit des Arbeiterrats der Reichsdruckerei für die Zeit vom November 1918 bis Ende des Jahres 1919, Berlin 1920, S. 7.

32 — Bericht über die Tätigkeit des Arbeiterrats der Reichsdruckerei für die Zeit vom November 1918 bis Ende des Jahres 1919, Berlin 1920, S. 10 f.

33 — Vgl. Archiv Bundesdruckerei, Stammrollen.

34 — Vgl. Bericht über die Tätigkeit des Arbeiterrats der Reichsdruckerei für die Zeit vom November 1918 bis Ende des Jahres 1919, Berlin 1920, S. 10 ff.

35 — Vgl. BArch, R 4701/10020, Bd. 8, 1917-1922.

36 — Vgl. Fleischmann: Die Reichsdruckerei. Ihre geschichtliche Entwicklung, Aufgaben und rechtliche Stellung, in: Jahrbuch des Postwesens 1937, S. 126-171, S. 157.

37 — Vgl. BArch, R 4701/ 10021, Bd. 9, 1922-1925.

38 — Vgl. BArch, R 4701/ 10021, Bd. 9, 1922-1925. Die Reichsbank verfügt über eine Druckerei, die Publikationen herstellt.

39 — Vgl. Gnewuch, Gerd: 100 Jahre Bundesdruckerei, Berlin 1979, S. 94 f, S. 170; vgl. Fleischmann: Die Reichsdruckerei. Ihre geschichtliche Entwicklung, Aufgaben und rechtliche Stellung, in: Jahrbuch des Postwesens 1937, S. 126-171, hier S. 156.

40 — Vgl. BArch, R 4701/ 16547, Bd. 2; vgl. Gnewuch, Gerd: 100 Jahre Bundesdruckerei, Berlin 1979, S. 94 f; vgl. Fleischmann: Die Reichsdruckerei. Ihre geschichtliche Entwicklung, Aufgaben und rechtliche Stellung, in: Jahrbuch des Postwesens 1937, S. 126-171, hier S. 155 f.

41 — Vgl. Prell, Jan Hendrik, Böttge, Horst: Giesecke & Devrient 1852-2002. Werte im Wandel der Zeit, Stuttgart 2002; vgl. Gnewuch, Gerd: 100 Jahre Bundesdruckerei, Berlin 1979, S. 96, S. 166 f.

42 — Vgl. Gnewuch, Gerd: 100 Jahre Bundesdruckerei, Berlin 1979, S. 64.

43 — Vgl. Gnewuch, Gerd: 100 Jahre Bundesdruckerei, Berlin 1979, S. 143 f.

44 — Vgl. Gnewuch, Gerd: 100 Jahre Bundesdruckerei, Berlin 1979, S. 135 f.

45 — Vgl. Archiv Bundesdruckerei, »An unsere Mitarbeiter«, Nachrichten für die Angehörigen der Reichsdruckerei Nr. 380 vom 5. Juli 1929 und »Festordnung zur Feier des fünfzigjährigen Bestehens der Reichsdruckerei am Freitag, dem 5. Juli 1929, nachmittags 3 Uhr«.

46 — Vossische Zeitung vom 4. Juli 1929.

47 — Vgl. Gnewuch, Gerd: 100 Jahre Bundesdruckerei, Berlin 1979, S. 158.

Quellennachweise Marginaltexte
S. 27 — Vgl. Gnewuch, Gerd: 100 Jahre Bundesdruckerei, Berlin 1979, S. 42, S. 46.
S. 28 — Gesetzliche und grundsätzlich Bestimmungen über die Errichtung und Verwaltung der Reichsdruckerei, das Unterstützungswesen und das Dienstverhältnis der Werkleute und Arbeiter, Berlin 1896, vgl. Gnewuch, Gerd: 100 Jahre Bundesdruckerei, Berlin 1979, S. 63.
S. 31 — Vgl. Gnewuch, Gerd: 100 Jahre Bundesdruckerei, Berlin 1979, S. 21, S. 84.
S. 37 — Vgl. Fleischmann: Die Reichsdruckerei. Ihre geschichtliche Entwicklung, Aufgaben und rechtliche Stellung. In: Jahrbuch des Postwesens 1937, S. 126-171, hier S. 155.
S. 39 — Vgl. Gnewuch, Gerd: 100 Jahre Bundesdruckerei, Berlin 1979, S. 143.

Infokasten Setzerei
S. 29 — Vgl. Artikel »Satz«, in: Laufer, Bernhard: Rund um den Druck. Kleines Fachlexikon für alle, die mit der Druckindustrie zu tun haben, Itzehoe 1989, S. 90; vgl. Artikel »Handsatz«, in: Laufer, Bernhard: Rund um den Druck. Kleines Fachlexikon für alle, die mit der Druckindustrie zu tun haben, Itzehoe 1989, S. 52; vgl. Artikel »Maschinensatz«, in: Laufer, Bernhard: Rund um den Druck. Kleines Fachlexikon für alle, die mit der Druckindustrie zu tun haben, Itzehoe 1989, S. 74; Setzerei der Reichsdruckerei (um 1883) Aus: Die Berliner Reichsdruckerei. Originalzeichnung von Hermann Lüders, in: Illustrierte Welt XXXI (1883).

Infokasten Kupferstich
S. 29 — Vgl. Artikel »Kupferstich«, in: Laufer, Bernhard: Rund um den Druck. Kleines Fachlexikon für alle, die mit der Druckindustrie zu tun haben, Itzehoe 1989, S. 62-63; vgl. Artikel »Kupferstich«, in: Walenski, Wolfgang: Wörterbuch Druck + Papier, Frankfurt am Main 1994, S. 178-179; Kupferdruckerei der Reichsdruckerei (um 1883), aus: Die Berliner Reichsdruckerei. Originalzeichnung von Hermann Lüders, in: Illustrierte Welt XXXI (1883).

Sicherheitsmerkmale einer Banknote
S. 42 —Vgl. Nicolaus, Georg: Die technischen Anforderungen des Wertpapierdruckes, Berlin 1909, S. 2; vgl. Koppatz, Jürgen: Geldscheine des Deutschen Reiches, 2. bearbeitete und ergänzte Auflage, Berlin 1988, S. 22; vgl. http://www.bundesbank.de/Navigation/DE/Kerngeschaeftsfelder/Bargeld/Falschgeld/Falschgelderkennung/5euro_2serie_vorn.html (Stand: 23.09.2013); vgl. Webseite der Deutschen Bundesbank.

KAPITEL 3

1 — Vgl. Archiv Bundesdruckerei, Dienstordnung der Reichsdruckerei. Gültig vom 1. Oktober 1934 an, Nachdruck von 1936 mit den Änderungen aus den Jahren 1935 und 1936, Berlin 1936, S. 3. Amtsblatt des Reichspostministeriums 39 (1933), Vf Nr. 176/1933, S. 188 und Amtsblatt des Reichspostministeriums 68 (1933), Vf Nr. 183/1933, S. 162.
2 — Vgl. Gnewuch, Gerd: 100 Jahre Bundesdruckerei, Berlin 1979, S. 177 f.
3 — BArch Berlin, R 4701/11289, Bericht zur Durchführung des Gesetzes zur Wiederherstellung des Berufsbeamtentums vom 7. April 1933 über Otto Günther; vgl. auch Archiv Bundesdruckerei, Personalliste begonnen Herbst 1924; vgl. auch Archiv Bundesdruckerei, Karteikarten, auf denen Kündigungen von 1933 vermerkt wurden.
4 — Vgl. Archiv Bundesdruckerei, Stammrollen. Eine Mitarbeiterin, die NSDAP-Mitglied war, gibt an, sie habe bei ihrer Einstellung mit zwei Frauen jüdischer Herkunft an einem Arbeitsplatz zusammenarbeiten »müssen«, überdies in der Abteilung Geheimhaltung. Es wird eine angebliche polnische Jüdin (Marianne Jahn) erwähnt, die den Betrieb jedoch verlassen habe. Eine weitere NSDAP-Genossin will im März 1935 Entlassungen von Frauen jüdischer Herkunft herbeigeführt haben. (vgl. BArch Berlin, R 2/21156, Untersuchungsergebnisse zur politischen Gesinnung 1939).
5 — Vgl. Gnewuch, Gerd: 100 Jahre Bundesdruckerei, Berlin 1979, S. 168; vgl. Dienstordnung der Reichsdruckerei. Gültig vom 1. Oktober 1934 an (Nachdruck mit Änderungen aus den Jahren 1935 und 1936), Berlin 1936, S. 5.
6 — Vgl. Archiv Bundesdruckerei, Vorschriften über die Behandlung geheimer Drucksachen, [o. J.], S. 27.

7 — Vgl. Archiv Bundesdruckerei, Schreiben des Polizeipräsidenten der Staatspolizeistelle für den Landespolizeibezirk Berlin an die Direktion der Reichsdruckerei vom 19. Februar 1935.

8 — Vgl. Archiv Bundesdruckerei, Direktion der Reichsdruckerei vom 28. Juni 1935.

9 — Archiv Bundesdruckerei, Schreiben des Polizeipräsidenten der Staatspolizeistelle für den Landespolizeibezirk Berlin an die Direktion der Reichsdruckerei vom 19. Februar 1935.

10 — Vgl. Nachrichten für die Angehörigen der Reichsdruckerei Nr. 402 vom 1. April 1933.

11 — BArch Berlin, R 43-II/1147c, Bd. 2, Untersuchung eines Druckfehlers im Reichsgesetzblatt.

12 — Vgl. BArch Berlin, R 43-II/1147c, Bd. 2, Schreiben des Postministers an Staatssekretär Dr. Lammers vom 3. März 1933.

13 — Vgl. Lotz, Wolfgang: Die Deutsche Reichspost 1933-1945. Eine politische Verwaltungsgeschichte, Band 1: 1933-1939, Berlin 1999, S. 47.

14 — BArch Berlin, R 43-II/1147c, Bd. 2, Schreiben des Postministers an Staatssekretär Dr. Lammers vom 3. März 1933.

15 — Vgl. BArch Berlin, R 4701/11289, Entwurf eines Schreibens von Fuchs und Dr. Weibgen an Johannes Engel, Mitglied des Preußischen Landtages, April 1933.

16 — Vgl. BArch, R 4701/11289, Entwurf eines Schreibens von Fuchs und Dr. Weibgen an Johannes Engel, Mitglied des Preußischen Landtages, April 1933. Die Reaktion Helmbergers auf die Flugblätter findet sich in: Nachrichten für die Angehörigen der Reichsdruckerei, Nr. 402 vom 1. April 1933 (vgl. BArch, R 4701/11289).

17 — BArch, R 4701/11289, Schreiben von Fuchs und Dr. Weibgen an Johannes Engel, Mitglied des Preußischen Landtages, April 1933.

18 — Vgl. Lotz, Wolfgang: Die Deutsche Reichspost 1933-1945. Eine politische Verwaltungsgeschichte, Band 1: 1933-1939, Berlin 1999, S. 47.

19 — Vgl. BArch, R 4701/28404, Helmberger, Franz.

20 — BArch, R 4701/11289, Schreiben des Reichspostministeriums an den Reichsminister der Finanzen vom 2. Juni 1933.

21 — Vgl. BArch, R 4701/28407 bzw. 28408, Hensel, Hans; vgl. Archiv Bundesdruckerei, Akten betreffend Direktor der Reichsdruckerei Hans Hensel.

22 — Vgl. Archiv Bundesdruckerei, Akten betreffend Direktor der Reichsdruckerei Hans Hensel, Schreiben des Reichspostministers an den Direktor der Reichsdruckerei vom 7. Juli 1941.

23 — Vgl. BArch, R 2/21167.

24 — BArch, R 2/21156.

25 — Vgl. Archiv Bundesdruckerei, Schreiben des Polizeipräsidenten an die Direktion der Reichsdruckerei vom 19. Februar 1935.

26 — Vgl. Zeitzeugengespräch mit Totila Pauli am 27. Mai 2013. Pauli war in verschiedenen Positionen in der Bundesdruckerei tätig, u.a. technischer Leiter und Direktor für zentrale Angelegenheiten. Pauli hat dies von einem Kollegen erfahren, der ihn 1963 in den Betrieb eingewiesen hat.

27 — Vgl. LAB, B Rep. 080 Nr. 2146, Entschädigungsakte Richter, Alex Otto (geb. 28. September 1988), Alex Otto Richter an den Berliner Senator für Inneres vom 13. November 1961.

28 — Vgl. BArch, R 2/21156, Schreiben des Reichssicherheitshauptamts an die Adjutantur des Führers und Kanzlers vom 12. Dezember 1939.

29 — Vgl. Amtsblatt des Reichspostministeriums 67 (1933), Vf. Nr. 277, S. 359 und Amtsblatt des Reichspostministeriums 113 (1933) Vf. Nr. 4661, S. 575.

30 — Vgl. Gnewuch, Gerd: 100 Jahre Bundesdruckerei, Berlin 1979, S. 168.

31 — Vgl. BArch, R 2/21156, Schreiben des Reichssicherheitshauptamts an die Adjutantur des Führers und Kanzlers vom 12. Dezember 1939.

32 — BArch, R 2/21156.

33 — Vgl. BArch, R 2/21156, Schreiben des Reichssicherheitshauptamts an die Adjutantur des Führers und Kanzlers vom 12. Dezember 1939.

34 — Vgl. BArch, R 2/21156.

35 — Vgl. Archiv Bundesdruckerei, Geschäftsbericht der Reichsdruckerei von 1934 und von 1938.

36 — Vgl. Archiv Bundesdruckerei, Auftragsbücher Wertdruck von 1933 und von 1934.

37 — Vgl. Archiv Bundesdruckerei, Verwaltung und Gliederung 1941.

38 — Vgl. Archiv Bundesdruckerei, Auftragsbuch Wertdruck von 1933.

39 — Vgl. Grabowski, Hans-Ludwig: Das Geld des Terrors. Geld und Geldersatz in deutschen Konzentrationslagern und Ghettos 1933 bis 1945, Regenstauf 2008. »Das Lagergeld aus Oranienburg diente nach Einziehung und Umtausch mitgeführter oder angewiesener regulärer Zahlungsmittel als Geldersatz, der ähnlich wie bei Ausgaben für Kriegsgefangenenlager im Ersten Weltkrieg die Fluchtgefahr mindern sollte, aber auch über den anteiligen Einbehalt von Häftlingsgeldern einen Deckungsbeitrag zu den Unterhaltskosten für die Schutzhäftlinge leistete.« (S. 17).

40 — Vgl. Dobrisch, Klaus: Oranienburg - eines der ersten nationalsozialistischen Konzentrationslager, in: Morsch, Günter (Hrsg.): Konzentrationslager Oranienburg, Berlin 1994 (Schriftenreihe der Stiftung Brandenburgische Gedenkstätten; Bd. 3), S. 13-22, hier S. 14.

41 — Vgl. Reichsgesetzblatt I, S. 913.

42 — Vgl. Erste Bekanntmachung über den Kennkartenzwang vom 23. Juli 1938, Reichsgesetzblatt I, S. 921; vgl. Reisen, Andreas: Der Passexpedient. Geschichte der Reisepässe und Ausweisdokumente - vom Mittelalter bis zum Personalausweis im Scheckkartenformat, Baden-Baden 2012, S. 140.

43 — Vgl. Dritte Bekanntmachung über den Kennkartenzwang vom 23. Juli 1938, Reichsgesetzblatt I, S. 922.

44 — Wörtlich: »unter Hinweis auf ihre Eigenschaft als Jude«.

45 — Vgl. Reisen, Andreas: Der Passexpedient. Geschichte der Reisepässe und Ausweisdokumente - vom Mittelalter bis zum Personalausweis im Scheckkartenformat, Baden-Baden 2012, S. 140.

46 — Vgl. Zweite Bekanntmachung über den Kennkartenzwang vom 23. Juli 1938, Reichsgesetzblatt I, S. 922; vgl. Reisen,

Andreas: Der Passexpedient. Geschichte der Reisepässe und Ausweisdokumente - vom Mittelalter bis zum Personalausweis im Scheckkartenformat, Baden-Baden 2012, S. 140.

47 — Vgl. Verfügung des Polizeipräsidenten in Berlin über die Kennkarte. Nur für den Dienstgebrauch, vom 14. August 1940, S. 6. Kennkartendoppel werden angelegt für die Kreispolizeibehörde des Geburtsortes, die Volkskartei und bei Juden zusätzlich für die Reichsstelle für Sippenforschung (vgl. Verfügung des Polizeipräsidenten, S. 7).

48 — Vgl. LAB, A Rep. 341-02, Nr. 17440, Kennkarte.

49 — Vgl. LAB, C Rep. 118, Nr. 34928, Günther, Hilda, Kennkarte von Hilda Günther, ausgestellt am 10. April 1940.

50 — Vgl. LAB, C Rep. 375-01-18, Nr. 114 A.1, Kennkarte für Rudolf Höhnisch, ausgestellt am 17. Juni 1944.

51 — Vgl. Verfügung des Polizeipräsidenten in Berlin über die Kennkarte. Nur für den Dienstgebrauch, vom 14. August 1940, S. 6.

52 — Vgl. Verfügung des Polizeipräsidenten in Berlin über die Kennkarte vom 14. August 1940, S. 4. »Ihre besondere Gestaltung, die eingehenden, über ihre Ausstellung ergangenen Vorschriften und andere Maßnahmen, insbesondere die Anlegung und Aufbewahrung von Doppeln, dienen dem Zweck, in ihr einen fälschungssicheren und schwer austauschbaren Einheitsausweis für deutsche Reichsangehörige an Stelle anderer Ausweise oder als Grundlage für die vereinfachte Ausstellung anderer Ausweise zu schaffen.«

53 — Vgl. Reichsgesetzblatt I, S. 1739. Die Kennkarten für die besetzten Gebiete wurden allerdings nicht alle in der Reichsdruckerei hergestellt, für polnische Bürger z. B. in der Staatsdruckerei Warschau.

54 — Vgl. Gnewuch, Gerd: 100 Jahre Bundesdruckerei, Berlin 1979, S. 50 ff.

55 — Vgl. BArch, R 4701/13335, Notiz vom 9. Februar 1939 zur Verfügung vom 11. Januar 1939 - VI 7530 -1 Wirp. Verwertung von in jüdischem Besitz befindlichen Vermögensstücken.

56 — Vgl. http://www.luise-berlin.de/lexikon/frkr/s/synagoge_lindenstrasse.htm (Stand: 30.07.2013).

57 — Vgl. Gnewuch, Gerd: 100 Jahre Bundesdruckerei, Berlin 1979, S. 51 f.

58 — Vgl. Verwaltung und Gliederung der Reichsdruckerei. Nur für den Dienstgebrauch. Nach dem Stande vom 30. September 1941, S. 3.

59 — Vgl. Verwaltung und Gliederung der Reichsdruckerei. Nur für den Dienstgebrauch, 1935, S. 3; vgl. Verwaltung und Gliederung der Reichsdruckerei. Nur für den Dienstgebrauch. Nach dem Stande vom 30. September 1941, S. 3.

60 — 18. Januar 1940: Die Hauptverwaltung der Reichskreditkassen in Krakau bittet um einen Kostenanschlag für das Bedrucken polnischer Banknoten. 26. März 1940: Auftrag von der Emmissionsbank in Polen, Krakau (gemäß Schreiben vom 23. Februar 1940) über den Druck von 350.000 Bögen zu Banknoten über 10 Zloty. Anmerkung: Der Druck der Noten erfolgt in Warschau. Es folgte ein Auftrag über polnische Banknoten, der mit dem Zusatz versehen wurde »Nachtrag wahrscheinlich, Lieferung: 11. März bis 10. April« Es gibt noch weitere Aufträge in Polen (vgl. Archiv Bundesdruckerei, Auftragsbücher von Wertdruck 1940).

61 — Vgl. Gnewuch, Gerd: 100 Jahre Bundesdruckerei, Berlin 1979, S. 97 ff.

62 — Am 4. Oktober 1939 erteilt (vgl. Archiv Bundesdruckerei, Auftragsbücher Wertdruck von 1939).

63 – Vom 24. August 1939. Lieferfrist: 31. August, beginnend nach bes. Lieferplan. Der zweite Auftrag dazu wurde am 5. Oktober 1939 erteilt, der siebte am 15. April 1940, der 12. am 30. August 1940 (vgl. Archiv Bundesdruckerei, Auftragsbücher Wertdruck von 1939 und von 1940).

64 – Vgl. BArch, R 4701/11282, Geschäfts- übersicht, Bilanz, Gewinn- und Verlustrech- nung der Reichsdruckerei, Bd. 2, 1937-1945; vgl. Geschäftsübersicht für Monat Dezem- ber 1938 vom 3. Februar 1939.

65 – Vgl. BArch, R 2/21156, Bericht zur Überprüfung der politischen Gesinnung 1939: Am Ende des Berichts werden folgende Zahlen genannt: Reichsdruckerei 1940 mit rd. 6.000 Personen, 174 Beamten, 500 Angestellte und 5.300 Arbeiter.

66 – Vgl. Gnewuch, Gerd: 100 Jahre Bun- desdruckerei, Berlin 1979, S. 169.

67 – Vgl. BArch, R 4701/11291, Perso- nalangelegenheiten der Reichsdruckerei, Allgemeines 1943-45, Personalstand der Reichsdruckerei März-September 1944.

68 – Vgl. BArch, R 4701/11290 Perso- nalangelegenheiten der Reichsdruckerei, Allgemeines 1941-42, Teil 2, Festlegung vom 5. Mai 1942.

69 – Vgl. Gnewuch, Gerd: 100 Jahre Bun- desdruckerei, Berlin 1979, S. 169.

70 – Ein 1930 geborener Zeitzeuge aus Kreuzberg erwähnt zwar, dass in der Reichsdruckerei Zwangsarbeiter unter- gebracht gewesen seien (abgedruckt in: Smit, Erik, Staikos, Evthali, Thormann, Dirk: 3. Februar 1945. Die Zerstörung Kreuzbergs aus der Luft, Berlin 1995, S. 59). Hierfür ließ sich jedoch kein Beleg finden.

71 – Vgl. LAB, A Rep. 005-07, Nr. 293, Bericht des Wirtschaftsprüfers Hubert Post vom 4. Juli 1944. Bei der Firma Albert Frisch wird bei einem Luftangriff am 30. Januar eine Unterkunft für ausländische Arbeiter (Franzosen) vernichtet. Die genaue Zahl ist unklar, es waren jedoch 20 Betten vorhanden.

72 – Vgl. Gnewuch, Gerd: 100 Jahre Bun- desdruckerei, Berlin 1979, S. 101.

73 – Vgl. Archiv Bundesdruckerei, Ge- schichte der Bundesdruckerei I, Sicher- stellung des Betriebes der Reichsdruckerei nach Bombenschäden, Schreiben des Direk- tors der Reichsdruckerei an das Arbeitsamt Eberswalde vom 9. September 1943.

74 – Vgl. Archiv Bundesdruckerei, Ge- schichte der Bundesdruckerei I, Sicher- stellung des Betriebes der Reichsdruckerei nach Bombenschäden, Meldungen zur Vf vom 13. Oktober 1942 A. Rundfrage an alle Abteilungen, welche Maßnahmen bereits ergriffen bzw. möglich wären. Eine Abtei- lung hat vorgeschlagen, Beschlagnahmun- gen zu prüfen. Leermeldungen waren nötig. Die Reichsdruckerei kümmert sich selbst um Ersatzorte, Betriebsbesichtigungen.

75 – Vgl. Archiv Bundesdruckerei, Ge- schichte der Bundesdruckerei I, Sicher- stellung des Betriebes der Reichsdruckerei nach Bombenschäden; Verfügung des Direktors der Reichsdruckerei vom 16. April 1943.

76 – Vgl. Archiv Bundesdruckerei, Ge- schichte der Bundesdruckerei I, Sicher- stellung des Betriebes der Reichsdruckerei nach Bombenschäden, Aktenvermerk über die von der Abt. V a veranlasste Bespre- chung am 4. Juni 1943.

77 – Vgl. Archiv Bundesdruckerei, Schrift- wechsel zur Sicherung der Produktion der Reichsdruckerei, 1943.

78 – Vgl. Archiv Bundesdruckerei, Ge- schichte der Bundesdruckerei I, Sicher- stellung des Betriebes der Reichsdruckerei nach Bombenschäden; Schreiben des Direktors der Reichsdruckerei an den Reichsverteidigungskommissar der Mark Brandenburg vom 10. August 1943. Beher- bergung von Mitarbeitern der Reichsdru- ckerei im Gasthof Waldhof (schon zuvor von Kontrolleuren der Reichsdruckerei und Reichsbank genutzt) – auch hier muss die Nutzung durch die Reichsdruckerei erst durchgesetzt werden gegen die mögliche Beschlagnahmung für andere Zwecke (meh- rere Schreiben vom September 1943).

79 – Vgl. Archiv Bundesdruckerei, Ge- schichte der Bundesdruckerei I, Sicher- stellung des Betriebes der Reichsdruckerei nach Bombenschäden, Aktenvermerk über die von der Abt. Va veranlaßte Besprechung am 4. Juni 1943.

80 – Vgl. Gnewuch, Gerd: 100 Jahre Bundesdruckerei, Berlin 1979, S. 101.

81 – Vgl. Archiv Bundesdruckerei, Ge- schichte der Bundesdruckerei I, Sicher- stellung des Betriebes der Reichsdruckerei nach Bombenschäden, Aktenvermerk über die von der Abt. Va veranlaßte Besprechung am 4. Juni 1943.

82 – Vgl. Archiv Bundesdruckerei, Ge- schichte der Bundesdruckerei I, Sicher- stellung des Betriebes der Reichsdruckerei nach Bombenschäden, Telegramme des Direktors der Reichsdruckerei vom 7. August 1943.

83 – Vgl. Archiv Bundesdruckerei, Ge- schichte der Bundesdruckerei I, Sicher- stellung des Betriebes der Reichsdruckerei nach Bombenschäden, Aktenvermerk über die von der Abt. Va veranlaßte Besprechung am 4. Juni 1943, S. 2.

84 – Vgl. Gnewuch, Gerd: 100 Jahre Bun- desdruckerei, Berlin 1979, S. 99.

85 — Vgl. BArch, R 4701/14181, Einrichtung der Reichsdruckerei, Allgemeines, Schreiben der Direktion der Reichsdruckerei an das Reichsministerium der Post vom 3. November 1943.

86 — Vgl. BArch, R 4701/14181, Einrichtung der Reichsdruckerei, Allgemeines, Schreiben des Reichsministerium der Finanzen an das Reichswirtschaftsministeriums vom 20. Dezember 1932 und Schreiben des Reichsministerium des Innern an das Reichswirtschaftsministerium vom 10. Januar 1944.

87 — Vgl. Archiv Bundesdruckerei, Schreiben des Reichspostministers an die Direktoren der Reichsdruckerei und der Staatsdruckerei Wien vom 31. Juli 1944. Die Reichsstelle für Metalle fordert die Ablieferung. Das Reichspostministerium gibt Anweisung an Direktoren der Reichsdruckerei und der Staatsdruckerei Wien erneut zu prüfen, was sie abliefern können, da insbesondere die Ablieferung der staatlichen Druckereien nicht befriedigend verlaufen ist (Schreiben des Reichspostministers an die Direktoren der Reichsdruckerei und der Staatsdruckerei Wien vom 31. Juli 1944).

88 — Vgl. Archiv Bundesdruckerei, Empfangsbestätigung der Metallgroßhandlung Kurt Krause vom 15. Januar 1945.

89 — Vgl. BArch, R 4701/14181, Einrichtung der Reichsdruckerei, Allgemeines, Reichsministerium der Post an den Reichsverteidigungskommissar für die Reichshauptstadt Berlin vom 29. Januar 1945.

90 — Vgl. Gnewuch, Gerd: 100 Jahre Bundesdruckerei, Berlin 1979, S. 54.

91 — Vgl. BArch, R 4701/14181, Einrichtung der Reichsdruckerei, Allgemeines, Aktenvermerk vom 26. Mai 1944.

92 — Vgl. Gnewuch, Gerd: 100 Jahre Bundesdruckerei, Berlin 1979, S. 54.

93 — Vgl. Gnewuch, Gerd: 100 Jahre Bundesdruckerei, Berlin 1979, S. 23, S. 55. Gnewuch stützt sich hierfür auf den Bericht Schröders vom 21. Juni 1947 an die Abteilung für Post- und Fernmeldewesen des Magistrats von Groß-Berlin.

94 — Entwurf eines Schreibens des Direktors der Reichsdruckerei an den Reichspostminister vom März 1945: »Infolge der schweren Beschädigungen, die die (RDr) bei Luftangriffen davongetragen hat, mußte der Betrieb erheblich eingeschränkt werden. Dadurch haben sich die Beschäftigungsmöglichkeiten für das Personal stark vermindert. Bis jetzt haben aus diesen Gründen ungefähr 700 Wochenlöhner und 30 Angestellte aus der (RDr) ausscheiden müssen; eine weitere Verminderung der Gefolgschaft steht bevor.«

95 — Vgl. Gnewuch, Gerd: 100 Jahre Bundesdruckerei, Berlin 1979, S. 55, S. 102. Vgl. auch Zeitzeugengespräch mit Totila Pauli. Pauli hat dies von einem Kollegen erfahren, der ihn 1963 in den Betrieb eingewiesen hat. D. tw.: ein entsprechender aus einem Bogen geschnittener Schein im Besitz des Sammlers und Bundesdruckerei-Druckers Henryk Tewes.

Infokasten Stahlstich
S. 47 — Vgl. Artikel »Stahlstich«, in: Laufer, Bernhard: Rund um den Druck. Kleines Fachlexikon für alle, die mit der Druckindustrie zu tun haben, Itzehoe 1989, S. 98; Briefmarkenrunddruck (Stahlstich, um 1938), aus: Die Reichsdruckerei in Berlin, hrsg. von der Direktion der Reichsdruckerei, Berlin 1938.

Infokasten Lichtdruck
S. 48 — Vgl. http://www.kettererkunst.de/lexikon/lichtdruck.shtml (Stand: 15.07.2013); vgl. Artikel »Lichtdruck«, in: Laufer, Bernhard: Rund um den Druck. Kleines Fachlexikon für alle, die mit der Druckindustrie zu tun haben, Itzehoe 1989, S. 69; Lichtdruck in der Reichsdruckerei (1938), aus: Die Reichsdruckerei in Berlin, hrsg. von der Direktion der Reichsdruckerei, Berlin 1938.

Berufe in der Bundesdruckerei
S. 58 — Vgl. Der Bär. Illustrierte Berliner Wochenschrift, 10. Jg., Nr. 26, 22. März 1884, o. S.; vgl. Günther, Hanns: In der Milliardenfabrik, in: Kosmos. Handweiser für Naturfreunde, hrsg. von Kosmos. Gesellschaft der Naturfreunde, Heft 2, Stuttgart, 15. Februar 1915, S. 58-61, hier S. 59 ff; vgl. Mit Sicherheit vielfältig. Ihre Karriere in der Bundesdruckerei, hrsg. von der Bundesdruckerei, Berlin 2013; vgl. Internes Fachwissen der Mitarbeiter der Bundesdruckerei; vgl. Unterlagen aus dem Handelsregister; vgl. Zeitzeugengespräch mit Döring-Ernst von Gottberg am 1. Juli 2013. Von Gottberg war in verschiedenen Positionen tätig, u.a. als technischer Leiter und Vizepräsident; vgl. http://www.bundesdruckerei.de/de/215-technische-ausbildung-bei-der-bundesdruckerei (Stand: 25.07.2013); vgl. http://www.bundesdruckerei.de/de/216-kaufmaennische-ausbildung-bei-der-bundesdruckerei (Stand: 25.07.2013); vgl. http://www.bundesdruckerei.de/de/213-balance-zwischen-theorie-praxis (Stand: 25.07.2013).

KAPITEL 4

1 — Vgl. Eintrag »Bundesdruckerei«, in: Handwörterbuch des Postwesens. Dritte, völlig neu bearbeitete Auflage, Bd. 1, hrsg. von Hans Steinmetz, Berlin 1971, S. 424-429, hier S. 428.
2 — Vgl. Archiv Bundesdruckerei, Abschrift des Schreibens vom Magistrat der Stadt Berlin an die Reichsdruckerei vom 16. Mai 1945; vgl. Chronik der Bundesdruckerei auf der Website der Bundesdruckerei, http://www.bundesdruckerei.de/de/462-wichtige-stationen (Stand: 16.07.2013); vgl. Gnewuch, Gerd: 100 Jahre Bundesdruckerei, Berlin 1979, S. 24; vgl. Bundesdruckerei 1975, Broschüre ohne Seitenzahlen; vgl. Eintrag »Bundesdruckerei«, in: Handwörterbuch des Postwesens. Dritte, völlig neu bearbeitete Auflage, Bd. 1, hrsg. von Hans Steinmetz, Berlin 1971, S. 424-429, hier S. 428.
3 — Vgl. LAB, C Rep 105, Nr. 4221; vgl. Archiv Bundesdruckerei, Brief vom Magistrat Berlin an die Reichsdruckerei vom 16. Mai 1945; vgl. LAB, B Rep 206-01, Nr. 1714, Brief vom Direktor der Reichsdruckerei an den Magistrat der Stadt Berlin vom 19. Juni 1946.
4 — Vgl. LAB, B Rep 206-01, Nr. 1714, Brief vom Direktor der Reichsdruckerei an den Magistrat der Stadt Berlin vom 19. Juni 1946; vgl. BArch, R 4701/14181.
5 — Vgl. BArch, R 4701/14181.

6 — Ein Schreiben vom 22. November 1947 ist noch von Möller »in Vertretung« unterschrieben. Auf dem Schriftstück ist vermerkt, dass Herr Direktor Schröder das Schreiben »nach seiner Rückkehr zur geflissentlichen Kenntnis« erhalten soll. Am 29. Oktober 1948 ergeht ein Schreiben an Herrn Gayer, Office of Military Government, Berlin Sector, Communication Branch, das wieder von Schröder unterzeichnet wurde. Alle Dokumente stammen aus dem Archiv der Bundesdruckerei.
7 — Gnewuch, Gerd: 100 Jahre Bundesdruckerei, Berlin 1979, S. 55.
8 — Vgl. Archiv Bundesdruckerei, Auftragsbücher der Staatsdruckerei Berlin.
9 — Vgl. Archiv Bundesdruckerei, Auftragsbücher der Staatsdruckerei Berlin.
10 — Archiv Bundesdruckerei, Auftragsbuch der Staatsdruckerei Berlin, Auftrag Nr. 489 vom 18. November 1945 des Magistrats der Stadt Berlin.
11 — Vgl. Brief der Direktion der Staatsdruckerei an den Magistrat Berlin vom 19. Juni 1946.
12 — Vgl. Sendner, Manfred: Der weite Weg zur Bundesdruckerei. Ihre geschichtliche Entwicklung, Leistungen und so mancherlei, S. 27, S. 31.
13 — Broschüre der Bundesdruckerei, ohne Seitenzahlen, Berlin 1975.
14 — Vgl. Archiv Bundesdruckerei, Nr. 54 Umbenennung der Staatsdruckerei (16) Frankfurt (Main) 2, den 13. Juni 1951: IH4 1230-0 St Dr, in: Auszug aus dem Gesetzblatt Nr. 13 vom 26. Juni 1951, S. 44. Aktennotiz mit Kopie aus Gesetzblatt; vgl. Archiv Bundesdruckerei, Amtsblatt Nr. 63 vom 19. Juni 1951, S. 338. Aktennotiz mit Kopie aus Amtsblatt.
15 — Vgl. Eintrag »Bundesdruckerei (BD)«, in: Handwörterbuch des Postwesens, Frankfurt/Main 1953, S. 187-188, hier S. 187.

16 — Vgl. Eintrag »Bundesdruckerei«, in: Handwörterbuch des Postwesens. Dritte, völlig neu bearbeitete Auflage. Bd. 1 A-F, hrsg. von Hans Steinmetz, Berlin 1971, S. 424-429, hier S. 428.
17 — Eintrag »Bundesdruckerei«, in: Handwörterbuch des Postwesens. Dritte, völlig neu bearbeitete Auflage. Bd. 1 A-F, hrsg. von Hans Steinmetz, Berlin 1971, S. 424-429, hier S. 424.
18 — Vgl. Eintrag »Bundesdruckerei (BD)«, in: Handwörterbuch des Postwesens, Frankfurt/Main 1953, S. 187-188, hier S. 187.
19 — Vgl. Broschüre Wissenswertes aus der Bundesdruckerei Berlin, ohne Seitenzahlen, Berlin 1965.
20 — Vgl. Geschäftsbericht von 1952.
21 — Vgl. Eintrag »Bundesdruckerei (BD)«, in: Handwörterbuch des Postwesens, Frankfurt/Main 1953, S. 187-188, hier S. 187.
22 — Vgl. Eintrag »Bundesdruckerei«, in: Handwörterbuch des Postwesens. Dritte, völlig neu bearbeitete Auflage. Bd. 1, hrsg. von Hans Steinmetz, Berlin 1971, S. 424-429, hier S. 428; vgl. Bundesdruckerei 1975, Broschüre ohne Seitenzahlen.
23 — Vgl. Broschüre der Bundesdruckerei, ohne Seitenzahlen, Berlin 1975.
24 — Vgl. Identität im digitalen Zeitalter, hrsg. von der Bundesdruckerei GmbH, Berlin 2004, S. 95.
25 — Vgl. Die Geschichte der Deutschen Mark in Ost und West, hrsg. von Helmut Kahnt und Martin Pontzen, Michael H. Schöne und Karlheinz Walz, Regenstauf 2003, S. 80.
26 — Vgl. Eintrag »Bundesdruckerei«, in: Handwörterbuch des Postwesens. Dritte, völlig neu bearbeitete Auflage. Bd. 1 A-F, hrsg. von Hans Steinmetz, Berlin 1971, S. 424-429, hier S. 428.

27 – Vgl. Identität im digitalen Zeitalter, hrsg. von der Bundesdruckerei GmbH, Berlin 2004, S. 96.

28 – Geschäftsbericht von 1959, S. 11.

29 – Geschäftsbericht von 1959, S. 11.

30 – Vgl. Geschäftsbericht von 1959, S. 16.

31 – Dietzmann, Kurt: Die Bundesdruckerei - Entstehung und Entwicklung von 1949 bis 1962, in: Jahrbuch des Postwesens 1964, Bad Windsheim 1965, S. 373-445, hier S. 441.

32 – Vgl. 10 Kapitel aus der Geschichte der Bundesdruckerei. Die 1960er Jahre. Im Schatten des Kalten Krieges, in: Einmalig X. Kundenmagazin der Bundesdruckerei, Berlin 2010, S. 30-43, hier S. 37.

33 – Vgl. Vorwort von Präsident Dietzmann, Jahresbericht von 1961.

34 – Vgl. Broschüre der Bundesdruckerei, ohne Seitenzahlen, Berlin 1975.

35 – Identität im digitalen Zeitalter, hrsg. von der Bundesdruckerei GmbH, Berlin 2004, S. 98; vgl. auch Zeitzeugengespräch mit Döring-Ernst von Gottberg am 1. Juli 2013. Von Gottberg war in verschiedenen Positionen tätig, u. a. als technischer Leiter und Vizepräsident.

36 – Vorwort des Präsidenten, Hausblatt der Bundesdruckerei, Juli 1980.

37 – Vorwort des Präsidenten, Hausblatt der Bundesdruckerei, Juli 1980.

38 – Vgl. Geschäftsbericht von 1980, S. 8.

39 – LAB, B Rep 002, Nr. 20449, Vermerk in den Akten der Bundesdruckerei, Frankfurt/M, 1. Oktober 1979, Betreff: Geldtransporte nach und von Berlin (West) durch die DDR, Verfasser Dr. Plassmann.

40 – LAB, B Rep 002, Nr. 20449, Einschreiben der Deutschen Bundesbank an Vermerk in den Akten der Bundesdruckerei, Frankfurt/M, 1. Oktober 1979, Betreff: Geldtransporte nach und von Berlin (West) durch die DDR, Verfasser Dr. Plassmann.

41 – Vgl. Hausblatt der Bundesdruckerei, 2/1986 und 2/1988.

42 – Vgl. Hausblatt der Bundesdruckerei, 2/1986, S. 5 ff.

43 – Vgl. Zeitzeugengespräch mit Totila Pauli am 27. Mai 2013. Pauli war in verschiedenen Positionen in der Bundesdruckerei tätig, u. a. als technischer Leiter und Direktor für zentrale Angelegenheiten.

44 – Vgl. Zeitzeugengespräch mit Norbert Eigenbrod am 14. März 2013. Eigenbrod kam 1973 als Schriftsetzer-Lehrling in die Bundesdruckerei und ist heute in der IT-Abteilung der Bundesdruckerei tätig.

45 – Vgl. Zeitzeugengespräch mit Norbert Eigenbrod am 14. März 2013. Vgl. Zeitzeugengespräch mit den gelernten Schriftsetzern Norbert Eigenbrod, Arne Döring, Klaus Gertz, Dieter Weiner und Rainer Wenzel am 3. April 2013. Sie arbeiteten in den 1980er- und 1990er-Jahren gemeinsam an dem Satz der Patentschriften. Vgl. Zeitzeugengespräch mit Totila Pauli am 27. Mai 2013. Vgl. Zeitzeugengespräch mit Norbert Frauböse am 5. Mai 2013. Frauböse war von 1974-2004 in verschiedenen Positionen in der Bundesdruckerei tätig, u. a. als Spartenleiter der Sparte Personaldokumente, Geschäftsführer von D-TRUST und Vertreter der Arbeitnehmer im Aufsichtsrat. Vgl. Zeitzeugengespräch mit Lutz Orwat am 27. März 2013. Orwat ist gelernter Schriftsetzer, seit über 40 Jahren bei der Bundesdruckerei und heute Leiter der Bundesdruckerei-Tochterfirma iNCO Spółka z o. o. in Polen. Vgl. Zeitzeugengespräch mit Rudolf Jung am 23. April 2013. Jung war in verschiedenen Positionen, u. a. als Leiter der Produktionsorganisation in der Bundesdruckerei tätig. Vgl. Zeitzeugengespräch mit Döring-Ernst von Gottberg am 1. Juli 2013. Von Gottberg war in verschiedenen Positionen tätig, u. a. als technischer Leiter und Vizepräsident. Auch zum Folgenden.

46 – Vgl. Zeitzeugengespräch mit Norbert Frauböse am 5. Mai 2013. Vgl. Hausblätter der Bundesdruckerei ab 1965, in denen Ideen von Mitarbeitern vorgestellt werden, die einen Verbesserungsvorschlag eingebracht haben. Beschrieben werden der Vorschlag und die Prämie, die der Mitarbeiter dafür erhalten hat. In jedem Heft werden mehrere solcher Verbesserungen präsentiert.

47 – Vgl. Zeitzeugengespräch mit Lutz Orwat am 27. März 2013.

48 – Hausblatt der Bundesdruckerei von 1982.

49 – Vgl. Zeitzeugengespräch mit den gelernten Schriftsetzern Norbert Eigenbrod, Arne Döring, Klaus Gertz, Dieter Weiner und Rainer Wenzel am 3. April 2013.

50 – Geschäftsbericht von 1979, S. 1.

51 – Vgl. Geschäftsbericht von 1980, S. 5; vgl. Zeitzeugengespräch mit Norbert Frauböse am 5. Mai 2013.

52 – Vgl. Beilage zum Hausblatt Juli 1980.

53 – Vgl. Geschäftsbericht von 1980, S. 6.

54 – Vgl. Geschäftsbericht von 1981, S. 5.

55 – Vgl. Geschäftsbericht von 1986, S. 5.

56 – Vgl. Geschäftsbericht von 1981, S. 5.

57 – Vgl. Geschäftsbericht von 1980, S. 5.

58 – Vgl. Geschäftsbericht von 1983, S. 5.

59 – Vgl. Geschäftsbericht von 1982, S. 5.

60 – Vgl. Geschäftsbericht von 1983, S. 5; vgl. Geschäftsbericht von 1984, S. 5.

61 – Vgl. Geschäftsbericht von 1986, S. 5.

62 – Vgl. Reisen, Andreas: Der Passexpedient. Geschichte der Reisepässe und Ausweisdokumente - vom Mittelalter bis zum Personalausweis im Scheckkartenformat, Baden-Baden 2012, S. 182; vgl. Geschäftsbericht von 1984, S. 5; vgl. Geschäftsbericht von 1985, S. 5.

63 – Vgl. Zeitzeugengespräch mit Norbert Frauböse am 5. Mai 2013.

64 – Vgl. Geschäftsbericht von 1987, S. 6.

65 — Vgl. Geschäftsbericht von 1987, S. 6. 1987 wurde eine neue Abteilung für die Fertigung von personalisierten Dokumenten eingerichtet. Dadurch stieg die Mitarbeiterzahl. Am Ende des Jahres 1987 hatte die Bundesdruckerei 3.810 Mitarbeiter. Das ist eine Zunahme von 585 Mitarbeitern gegenüber Ende 1986.

66 — LAB, B Rep. 002, Nr. 2044,. Archivseitenzahlen S. 85.

67 — Vgl. Identität im digitalen Zeitalter, hrsg. von der Bundesdruckerei GmbH, Berlin 2004, S. 98.

68 — Vgl. LAB, B Rep. 002, Nr. 20449, Schreiben des Deutschen Städtetags, S. 118.

69 — Geschäftsbericht von 1987, S. 9.

70 — Vgl. Zeitzeugengespräch mit Norbert Frauböse am 5. Mai 2013. Vgl. Zeitzeugengespräch mit Totila Pauli am 27. Mai 2013.

71 — Vgl. Hausblatt Dezember 1987, S. 19 f.

72 — Vgl. Identität im digitalen Zeitalter, hrsg. von der Bundesdruckerei GmbH, Berlin 2004, S. 97.

73 — Vgl. Zeitzeugengespräch mit Rudolf Jung am 23. April 2013; vgl. Akten zur auswärtigen Politik der Bundesrepublik Deutschland 1970, hrsg. im Auftrag des Auswärtigen Amts vom Institut für Zeitgeschichte, München 2001, Band 2, 1. Mai bis 31. August 1970, S. 1494, Nr. 397, Gespräch des Staatssekretärs Bahr, Bundeskanzleramt, mit dem Abteilungsleiter im amerikanischen Außenministerium, Hillenbrand, in Washington am 17. August 1970.

74 — So 1977 in Schriftwechseln zwischen der Bundesdruckerei, dem Bundespostministerium und der Bundesregierung bzw. dem Senator für Bundesangelegenheiten (vgl. LAB, B Rep 002, Nr. 20448); vgl. auch 1984 in einem Bericht der Bundesregierung (vgl. LAB, B Rep. 002, Nr. 20449, Seitenzahlen aus Archiv S. 55 ff).

75 — Vgl. Zeitzeugengespräch mit Rudolf Jung am 23. April 2013. Vgl. Zeitzeugengespräch mit Norbert Frauböse am 5. Mai 2013. Vgl. Zeitzeugengespräch mit Totila Pauli am 27. Mai 2013. Vgl. Zeitzeugengespräch mit Döring-Ernst von Gottberg am 1. Juli 2013.

76 — Vgl. Zeitzeugengespräch mit Rudolf Jung am 23. April 2013.

77 — Interview mit Klaus Spreen in der Postpraxis 5/1987, S. 116 ff.

Quellennachweise Marginaltexte

S. 67 — Vgl. Geschäftsbericht von 1956; vgl. Geschäftsbericht von 1958; vgl. Archiv Bundesdruckerei, Brief der Organisation Giori an Präsident Dietzmann vom 22. Oktober 1957.

S. 71 — Vgl. Identität im digitalen Zeitalter, hrsg. von der Bundesdruckerei GmbH, Berlin 2004, S. 97.

S. 72 — Vgl. Geschäftsbericht von 1986, S. 6.

S. 73 — Vgl. Archiv Bundesdruckerei.

Infokasten Fotosatz

S. 74 — Artikel »Fotosatz«, in: Laufer, Bernhard: Rund um den Druck. Kleines Fachlexikon für alle, die mit der Druckindustrie zu tun haben, Itzehoe 1989, S. 47.

Briefmarkendruck im Wandel der Zeit

S. 78 — Vgl. Internes Fachwissen der Mitarbeiter der Bundesdruckerei; vgl. Sendner, Manfred: Der weite Weg zur Bundesdruckerei. Ihre geschichtliche Entwicklung, Leistungen und so mancherlei, S. 58 f; Archiv Bundesdruckerei, Dokumente zur Geschichte der Bundesdruckerei bis 1933. Briefmarkenmaschine; vgl. Müller, O.: Ein Gang durch die Reichsdruckerei, in: Der Deutsche Philatelist. Illustrierte Zeitschrift für die gesamte Postwertzeichen-Kunde, 6. Jg (1912), Nr. 7, S. 3-6, hier S. 5.

KAPITEL 5

1 – Vgl. Identität im digitalen Zeitalter, hrsg. von der Bundesdruckerei GmbH, Berlin 2004, S. 99.

2 – Vgl. Hausblatt der Bundesdruckerei, Dezember 1990, S. 17 f; vgl. Walz, Karlheinz: Die Reform in den Westzonen und die DM-Banknoten 1948-2001, in: Kahnt, Helmut, u. a. (Hrsg.), Die Geschichte der Deutschen Mark in Ost und West, Regenstauf 2003, S. 9-146, hier S. 144.

3 – Vgl. Hausblatt Dezember 1990, S. 18.

4 – Geschäftsbericht von 1990, S. 6.

5 – Vgl. Geschäftsbericht von 1991, S. 6.

6 – Vgl. Identität im digitalen Zeitalter, hrsg. von der Bundesdruckerei GmbH, Berlin 2004, S. 99.

7 – Vgl. Geschäftsbericht von 1990, S. 18.

8 – Geschäftsbericht von 1991, S. 21.

9 – Vgl. Geschäftsbericht von 1991, S. 21.

10 – Geschäftsbericht von 1992: »Die Neugründung soll die Bemühungen unterstützen, weitere Umsatzeinbußen durch ein Abkoppeln der Bundesdruckerei vom technischen Fortschritt zu vermeiden. Viele bisher in der Bundesdruckerei in herkömmlichen Verfahren gefertigte Produkte werden in Zukunft mit hoher Wahrscheinlichkeit durch intelligente Chipkarten ersetzt.« (S. 6); vgl. auch Identität im digitalen Zeitalter, hrsg. von der Bundesdruckerei GmbH, Berlin 2004, S. 99.

11 – Mitarbeitermagazin Bundesdruckerei Aktuell 5/1993.

12 – Vgl. Zeitzeugengespräch mit Totila Pauli am 27. Mai 2013; vgl. auch Geschäftsbericht von 1992, S. 6.

13 – Vgl. Geschäftsbericht von 1992, S. 6.

14 – Vgl. Geschäftsbericht für das Rumpf-Geschäftsjahr vom 01.01.1994 bis 30.06.1994, S. 7.

15 – Vgl. Geschäftsbericht für das Rumpf-Geschäftsjahr vom 01.01.1994 bis 30.06.1994, S. 10.

16 – Geschäftsbericht für Rumpf-Geschäftsjahr vom 01.01.1994 bis 30.06.1994, S. 6.

17 – Archiv Bundesdruckerei, Historie und Hintergründe der Privatisierung der Bundesdruckerei (1994 ff).

18 – Vgl. Archiv Bundesdruckerei, Historie und Hintergründe der Privatisierung der Bundesdruckerei (1994 ff).

19 – Vgl. Zeitzeugengespräch mit Herrn Wolfgang Bötsch, Postminister a. D. am 3. Juli 2013. Herr Bötsch war Minister, als 1994 die dem Ministerium unterstehende Behörde Bundesdruckerei in eine GmbH umgewandelt wurde.

20 – Vgl. Archiv Bundesdruckerei, Historie und Hintergründe der Privatisierung der Bundesdruckerei (1994 ff).

21 – Vgl. Geschäftsbericht von 1995, S. 7.

22 – Vgl. Bender, Klaus W.: Geldmacher. Das geheimste Gewerbe der Welt, 3. Auflage, Weinheim 2008, S. 173-196, hier S. 174.

23 – Geschäftsbericht für Rumpf-Geschäftsjahr vom 01.01.1994 bis 30.06.1994, S. 17.

24 – Vgl. Geschäftsbericht von 1993, S. 19; vgl. Geschäftsbericht von 1995, S. 4 f, S. 24; vgl. Geschäftsbericht von 1996, S. 26.

25 – Vgl. Sonderausgabe des Mitarbeitermagazins Bundesdruckerei Aktuell, März 1993.

26 – Vgl. Geschäftsbericht von 1995, S. 5.

27 – Vgl. Geschäftsbericht von 1995, S. 12.

28 – Vgl. Geschäftsbericht von 1995, S. 9.

29 – Vgl. Einmalig X, Kundenmagazin der Bundesdruckerei, Berlin 2010, S. 40.

30 – Vgl. Identität im digitalen Zeitalter, hrsg. von der Bundesdruckerei GmbH, Berlin 2004, S. 101; vgl. Archiv Bundesdruckerei.

31 – Vgl. Deutscher Bundestag, 14. Wahlperiode, Drucksache 14/850, S. 37.

32 – Vgl. Identität im digitalen Zeitalter, hrsg. von der Bundesdruckerei GmbH, Berlin 2004, S. 101; vgl. Archiv Bundesdruckerei.

33 – Vgl. Deutscher Bundestag, 14. Wahlperiode, Drucksache 14/850, S. 37; vgl. auch Zeitzeugengespräch mit Norbert Frauböse am 5. Mai 2013.

34 – Vgl. Identität im digitalen Zeitalter, hrsg. von der Bundesdruckerei GmbH, Berlin 2004, S. 101; vgl. Bundesdruckerei Jahresjournal von 1997, S. 46.

35 – Vgl. Identität im digitalen Zeitalter, hrsg. von der Bundesdruckerei GmbH, Berlin 2004, S. 101.

36 – Vgl. Identität im digitalen Zeitalter, hrsg. von der Bundesdruckerei GmbH, Berlin 2004, S. 101 ff.

37 – Vgl. http://helmut-kohl.kas. de/080124034737.html (Stand: 21.09.2013).

38 – Vgl. Drucker-Presse. Mitarbeitermagazin der Bundesdruckerei GmbH, Ausgabe 1, März 2000.

39 – Vgl. Zeitzeugengespräch mit den gelernten Schriftsetzern Norbert Eigenbrod, Arne Döring, Klaus Gertz, Dieter Weiner und Rainer Wenzel am 3. April 2013.

40 – Bundesdruckerei soll verkauft werden - Berlins Gelddrucker haben Angst um ihren Job, in: Berliner Zeitung, vom 5. Februar 2000.

41 – Vgl. Mitarbeitermagazin Bundesdruckerei Aktuell, 2000.

42 – Vgl. Archiv Bundesdruckerei, Historie und Hintergründe der Privatisierung der Bundesdruckerei (1994 ff).

43 – Vgl. Geschäftsbericht von 2000, S. 4.

44 – Vgl. Archiv Bundesdruckerei, Interne Führungs- und Steuerungsstruktur der authentos GmbH, März 2001.

45 – Vgl. Geschäftsbericht von 2000, S. 4.

46 — Geschäftsbericht von 2000, S. 4.
47 — Vgl. Kurzporträt der authentos-Gruppe von 2000.
48 — Vgl. Geschäftsbericht von 2002, S. 4.
49 — Vgl. Identität im digitalen Zeitalter, hrsg. von der Bundesdruckerei GmbH, Berlin 2004, S. 100, S. 102.
50 — Vgl. Geschäftsbericht von 2000, S. 4.
51 — Vgl. Jahresabschlussbericht des ORGA-Konzerns von 2001.
52 — Vgl. Jahresabschlussbericht der authentos-Gruppe von 2001.
53 — Vgl. Archiv Bundesdruckerei, Historie und Hintergründe der Privatisierung der Bundesdruckerei (1994 ff).
54 — Vgl. Konzernlagebericht der authentos GmbH von 2002, S. 1.
55 — Vgl. Archiv Bundesdruckerei, Historie und Hintergründe der Privatisierung der Bundesdruckerei (1994 ff); vgl. Konzernlagebericht der authentos GmbH von 2002, S. 1.
56 — Vgl. Zeitzeugengespräch mit Dr. Wolfgang Scholz, ehemaliges Aufsichtsratsmitglied der Bundesdruckerei und Geschäftsführer der JFVVG, am 21. August 2013.
57 — Vgl. Archiv Bundesdruckerei, Historie und Hintergründe der Privatisierung der Bundesdruckerei (1994 ff).
58 — Vgl. Julian Stech, Bonner Bundesdruckerei wächst im Verbund, in: Bonner General-Anzeiger vom 3. Juli 2002. http://www.general-anzeiger-bonn.de/lokales/wirtschaft/nachrichten/Bonner-Bundesdruckerei-waechst-im-Verbund-article170365.html (Stand: 05.07.2013).

59 — Vgl. Bundesdruckerei verkauft Standort, in: Berliner Morgenpost vom 1. April 2003. http://www.morgenpost.de/printarchiv/wirtschaft/article444766/Bundesdruckerei-verkauft-Standort.html (Stand: 05.07.2013).
60 — Vgl. Geschäftsbericht von 2002, S. 4.

Quellennachweise Marginaltexte
S. 82 — Vgl. Bundesdruckerei Magazin, Dezember 1993, S. 10 f.
S. 87 — Vgl. Geschäftsbericht von 1993, S. 6; Geschäftsbericht von 1995, S. 10.

Teil II

KAPITEL 6

Intro

1 — Vgl. Programmheft zur Veranstaltung »Identität im digitalen Zeitalter« am 22. September 2004. Vgl. Zeitzeugengespräch mit Herrn Dr. Schraad am 12. Juli 2013. Schraad war Vorstand der Helaba zu Zeiten des Verkaufs der Bundesdruckerei von Apax an Auffanggesellschaften und an die Bundesregierung 2008/2009 sowie Aufsichtsrat der Bundesdruckerei GmbH.
2 — Vgl. Protokolle der Aufsichtsratssitzungen von 2004 und 2006. Vgl. Zeitzeugengespräch mit Herrn Dr. Schraad am 12. Juli 2013.
3 — Vgl. Geschäftsbericht von 2004, S. 2.
4 — Vgl. Einhundertfünfundzwanzig Jahre Bundesdruckerei - September 2004, hrsg. von der Unternehmenskommunikation der Bundesdruckerei, Berlin 2004, S. 6.

Zukunftssicheres Unternehmen

1 — Vgl. Einhundertfünfundzwanzig Jahre Bundesdruckerei - September 2004, hrsg. von der Unternehmenskommunikation der Bundesdruckerei, Berlin 2004, S. 6.
2 — Vgl. http://www.print.de/News/Markt-Management/Bundesdruckerei-Geringerer-Umsatz-hoeheres-Ergebnis (Stand: 19.07.2013).
3 — Vgl. Bender, Klaus W.: Geldmacher. Das geheimste Gewerbe der Welt, 3. Auflage, Weinheim 2008, S. 173-196, hier S. 192 f.
4 — Vgl. Geschäftsbericht 2004, S. 3.

5 — Vgl. http://www.omnicard.de/index.php/de/aktuelles-a/namen/244-bundesdruckerei-beruft-neuen-geschaeftsfuehrer-finanzen (Stand: 19.07.2013).
6 — Vgl. Handelsregisterveröffentlichung vom 3. April 2006.
7 — Vgl. Kundenmagazin »Einmalig«, Nr. 1, 2004, S. 3; vgl. Jubiläumsausgabe des Kundenmagazins »Einmalig«, Nr. X, 2010, S. 42; vgl. Geschäftsbericht von 2005, S. 4.
8 — Vgl. http://news.3m.com/press-release/company/3m-acquire-security-printing-and-systems-limited-acquisition-broadens-3ms-secu (Stand: 02.09.2013).
9 — Vgl. Geschäftsbericht von 2006, S. 5; vgl. Drucker-Xpress, Mitarbeiterinformation der Bundesdruckerei GmbH, Nr. 3, Mai 2007, S. 2.
10 — Vgl. Geschäftsbericht von 2006, S. 5.
11 — Vgl. Artikel »ePässe bescheren Bundesdruckerei Umsatzrekord« vom 28.03.2007. URL: http://www.heise.de/newsticker/meldung/ePaesse-bescheren-Bundesdruckerei-Umsatzrekord-162514.html (Stand: 19.07.2013).
12 — Vgl. Drucker-Xpress, Mitarbeiterinformation der Bundesdruckerei GmbH, Nr. 3, Mai 2007, S. 2.
13 — Vgl. Archiv Bundesdruckerei, Internes Dokument vom 10. Juli 2007: Corporate Strategy Bundesdruckerei, S. 8; vgl. Geschäftsbericht von 2007.
14 — Vgl. Drucker-Xpress, Mitarbeiterinformation der Bundesdruckerei GmbH, Nr. 6, Oktober/November 2007, S. 2; vgl. Presseinformation der Bundesdruckerei vom 29. Oktober 2007.
15 — Vgl. Geschäftsbericht von 2007, S. 2; Presseinformation der Bundesdruckerei vom 31. Oktober 2007.
16 — Vgl. Geschäftsbericht der Bundesdruckerei GmbH von 2007, S. 2.

17 — Vgl. Geschäftsbericht der Bundesdruckerei GmbH von 2007.
18 — Vgl. Presseinformation der Bundesdruckerei vom 9. April 2008.
19 — Vgl. Protokolle der Aufsichtsratssitzungen von 2007 und 2008; vgl. http://www.hoffmann-leichter.de/de/Referenzen/VERKEHRSPLANUNG/Verkehrliche+Untersuchung+sowie+verkehrliche+Beratung+f%FCr+den+Umbau+der+Bundesdruckerei+Berlin (Stand: 02.09.2013); vgl. Pressemitteilung der Bundesdruckerei vom 6. März 2009.
20 — Vgl. Archiv Bundesdruckerei, Kommunikation der Bundesdruckerei.
21 — Vgl. Presseinformation der Bundesdruckerei vom 9. September 2008.
22 — Vgl. Geschäftsbericht von 2009, S. 1.
23 — Vgl. Pressemitteilung der Bundesdruckerei vom 7. Oktober 2009; vgl. Geschäftsbericht von 2009, S. 2, S. 19; vgl. http://www.mi.fu-berlin.de/inf/news/archiv/secureidentity.html (Stand: 11.7.2013).
24 — Vgl. Drucker-Xpress, Mitarbeiterinformation der Bundesdruckerei GmbH, Nr. 2, März 2009, S. 5.
25 — Vgl. Geschäftsbericht von 2009, S. 58; vgl. Drucker-Xpress, Mitarbeiterinformation der Bundesdruckerei GmbH, Nr. 7, Oktober 2009, S. 6.
26 — Vgl. Drucker-Xpress, Mitarbeiterinformation der Bundesdruckerei GmbH, Nr. 2, März 2009, S. 7.
27 — Vgl. Drucker-Xpress, Mitarbeiterinformation der Bundesdruckerei GmbH, Nr. 2, März 2009, S. 7.
28 — Vgl. Protokolle der Aufsichtsratssitzungen von 2009; vgl. Geschäftsbericht von 2009, S. 59.
29 — Vgl. Geschäftsbericht von 2009, S. 2.
30 — Vgl. Geschäftsbericht von 2008, S. 55; vgl. Geschäftsbericht von 2009, S. 81.

31 – Vgl. Geschäftsbericht von 2009, S. 68.

32 – Vgl. DXPRS, Mitarbeiterinformation der Bundesdruckerei GmbH, Nr. 3, 2010, S. 16 ff.

33 – Vgl. DXPRS, Mitarbeiterinformation der Bundesdruckerei GmbH, Nr. 7, 2010, S. 7.

34 – BILD Berlin-Brandenburg vom 19. August 2010.

35 – Vgl. DXPRS, Mitarbeiterinformation der Bundesdruckerei GmbH, Nr. 8, 2010, S. 26.

36 – Vgl. DXPRS, Mitarbeiterinformation der Bundesdruckerei GmbH, Nr. 7, 2010, S. 2, S. 14.

37 – Vgl. Geschäftsbericht von 2010, S. 7; vgl. DXPRS, Mitarbeiterinformation der Bundesdruckerei GmbH, Nr. 1, Februar 2011, S. 13.

38 – Vgl. Geschäftsbericht von 2010, S. 12; vgl. DXPRS, Mitarbeiterinformation der Bundesdruckerei GmbH, Nr. 8, 2010, S. 6.

39 – Vgl. DXPRS, Mitarbeiterinformation der Bundesdruckerei GmbH, Nr. 5, Oktober 2011, S. 7.

40 – Vgl. Zahlen, Daten, Fakten 2012.

41 – Vgl. Pressemitteilung der Bundesdruckerei GmbH vom 15. Dezember 2010.

42 – Vgl. DXPRS, Mitarbeiterinformation der Bundesdruckerei GmbH, Nr. 4, August 2012, S. 7; vgl. Geschäftsbericht von 2011, S. 8 f.

43 – DXPRS, Mitarbeiterinformation der Bundesdruckerei GmbH, Nr. 4, August 2012, S. 7.

44 – Vgl. Pressemitteilung der Bundesdruckerei vom 27. Februar 2013.

45 – Vgl. Eröffnungsrede U. Hamann, C. Helfrich, Neues Produktionsgebäude vom 14. März 2013.

46 – Vgl. Pressemitteilung der Bundesdruckerei vom 20. Juni 2013.

47 – Vgl. Pressemitteilung der Bundesdruckerei vom 22. August 2013.

Alles aus einer Hand
S. 118 – Vgl. Website der Bundesdruckerei; vgl. Geschäftsbericht von 2012; vgl. Systembroschüre.

Innovative Produkte
1 – Vgl. Jubiläumsausgabe des Kundenmagazins »Einmalig«, Nr. X, 2010, S. 42.

2 – Vgl. Kundenmagazin »Einmalig«, Nr. 1, 2004, S. 3.

3 – Vgl. BfDI 22. Tätigkeitsbericht 2007-2008, S. 84 ff. Elektronischer Personalausweis, S. 84 f. Verordnung (EG) Nr. 2252/2004 des Rates vom 13. Dezember 2004 über Normen für Sicherheitsmerkmale und biometrische Daten in von den Mitgliedstaaten ausgestellten Pässen und Reisedokumenten, in: Amtsblatt Nr. L 385 vom 29.12.2004, S. 1 ff.

4 – Vgl. Kundenmagazin »Einmalig«, Nr. 1, 2005, S. 3.

5 – Vgl. Geschäftsbericht von 2005, S. 4; vgl. Jubiläumsausgabe des Kundenmagazins »Einmalig«, Nr. X, 2010, S. 42.

6 – Vgl. Pressemitteilung der Bundesdruckerei vom 25. April 2007.

7 – Vgl. Drucker-Xpress, Mitarbeiterinformation der Bundesdruckerei GmbH, Nr. 3, Mai 2007, S. 3.

8 – Vgl. Presseinformation der Bundesdruckerei vom 8. März 2007; vgl. Presseinformation der Bundesdruckerei vom 14. März 2007; vgl. Drucker-Xpress, Mitarbeiterinformation der Bundesdruckerei GmbH, Nr. 3, Mai 2007, S. 1.

9 – Vgl. Drucker-Xpress, Mitarbeiterinformation der Bundesdruckerei GmbH, Nr. 3, Mai 2007, S. 4 f.

10 – Vgl. Interne Präsentation der Bundesdruckerei.

11 – Vgl. Drucker-Xpress, Mitarbeiterinformation der Bundesdruckerei GmbH, Nr. 3, Mai 2007, S. 7; vgl. Pressemitteilung der Bundesdruckerei vom 2. April 2007.

12 – Vgl. Drucker-Xpress, Mitarbeiterinformation der Bundesdruckerei GmbH, Nr. 3, Mai 2007, S. 3; vgl. Presseinformation der Bundesdruckerei vom 25. April 2007.

13 – Vgl. http://www.bundesdruckerei. de/de/1190-elektronischer-dienstausweis (Stand: 21.09.2013).

14 – Vgl. Pressemitteilung der Bundesdruckerei vom 15. April 2008.

15 – Vgl. Drucker-Xpress, Mitarbeiterinformation der Bundesdruckerei GmbH, Nr. 5, Sommer 2007, S. 7.

16 – Vgl. Drucker-Xpress, Mitarbeiterinformation der Bundesdruckerei GmbH, Nr. 4, Mai 2008, S. 2; vgl. Pressemitteilung der Bundesdruckerei vom 15. April 2008.

17 – Vgl. Geschäftsbericht von 2007, S. 2.

18 – Vgl. Presseinformation der Bundesdruckerei vom 31. Oktober 2007; vgl. Geschäftsbericht von 2007, S. 2.

19 – Vgl. Presseinformation der Bundesdruckerei vom 19. März 2008.

20 – Vgl. Drucker-Xpress, Mitarbeiterinformation der Bundesdruckerei GmbH, Nr. 3, März/April 2008, S. 3; vgl. Pressemitteilung der Bundesdruckerei vom 4. März 2008.

21 – Vgl. Drucker-Xpress, Mitarbeiterinformation der Bundesdruckerei GmbH, Nr. 1, Januar 2009, S. 4 f; vgl. Pressemitteilung der Bundesdruckerei vom 2. und 6. März 2009.

22 – Vgl. Pressemitteilung der Bundesdruckerei vom 2. März 2009. Auch zum Folgenden.

23 – Vgl. DXPRS, Mitarbeiterinformation der Bundesdruckerei GmbH, Nr. 1, 2010, S. 4 ff.

24 — Vgl. DXPRS, Mitarbeiterinformation der Bundesdruckerei GmbH, Nr. 6, 2010, S. 2, S. 23.

25 — Vgl. Pressemitteilung der Bundesdruckerei GmbH vom 1. Dezember 2010.

26 — Vgl. DXPRS, Mitarbeiterinformation der Bundesdruckerei GmbH, Nr. 1, 2011, S. 16.

27 — Vgl. DXPRS, Mitarbeiterinformation der Bundesdruckerei GmbH, Nr. 8, 2010, S. 3, S. 11.

28 — Vgl. DXPRS, Mitarbeiterinformation der Bundesdruckerei GmbH, Nr. 8, 2010, S. 11.

29 — Vgl. http://www.kuppingercole.com/watch/eic2010_award. Die Pressemitteilung dazu ist leider nicht mehr abrufbar.

30 — Vgl. DXPRS, Mitarbeiterinformation der Bundesdruckerei GmbH, Nr. 8, November 2010, S. 10; vgl. Mitarbeitermagazin Einmalig, Nr. 11; vgl. http://www.bundesdruckerei.de/sites/default/files/faktenblatt_neuer_personalausweis.pdf (Stand: 21.09.2013).

31 — Vgl. Geschäftsbericht von 2010, S. 8; vgl. http://www.bundesdruckerei.de/sites/default/files/faktenblatt_neuer_personalausweis.pdf (Stand: 21.09.2013).

32 — Vgl. Pressemitteilung der Bundesdruckerei vom 2. November 2010.

33 — Vgl. Geschäftsbericht von 2010, S. 6.

34 — Vgl. Pressemitteilung der Bundesdruckerei vom 15. April 2011.

35 — Vgl. DXPRS, Mitarbeiterinformation der Bundesdruckerei GmbH, Nr. 5, Oktober 2011, S. 7.

36 — Vgl. http://www.bundesdruckerei.de/de/1188-elektronischer-aufenthaltstitel (Stand: 23.09.2013).

37 — Vgl. http://www.bundesdruckerei.de/de/1327-eat-elektronischer-aufenthaltstitel (Stand: 23.09.2013).

38 — Vgl. http://www.bundesdruckerei.de/de/1327-eat-elektronischer-aufenthaltstietel (Stand: 24.09.2013).

38 — Vgl. Pressemitteilung der Bundesdruckerei vom 20. November 2012; vgl. DXPRS, Mitarbeiterinformation der Bundesdruckerei GmbH, Nr. 6, Dezember 2012, S. 4.

39 — Vgl. Der neue EU-Führerschein, Broschüre des Bundesministeriums für Verkehr, Bau und Stadtentwicklung, 2013.

Identitätsdokumente für den digitalen Dialog
S. 132 — Vgl. Webseite der Bundesdruckerei; vgl. Mitarbeitermagazin Einmalig Nr. 11.

Internationale Kunden
1 — Vgl. Kundenmagazin »Einmalig«, Nr. 1, 2005, S. 3.

2 — Vgl. Presseinformation der Bundesdruckerei vom 14. März 2007; vgl. Drucker-Xpress, Mitarbeiterinformation der Bundesdruckerei GmbH, Nr. 3, Mai 2007, S. 1; vgl. Presseinformation der Bundesdruckerei vom 8. März 2007; vgl. Drucker-Xpress, Mitarbeiterinformation der Bundesdruckerei GmbH, Nr. 3, März/April 2008, S. 3; vgl. Pressemitteilung der Bundesdruckerei vom 4. März 2008; vgl. DXPRS, Nr. 5/2011, S. 10 f.

3 — Vgl. Pressemitteilung der Bundesdruckerei vom 7. Dezember 2010; vgl. Pressemitteilung der Bundesdruckerei vom 14. November 2011.

4 — Vgl. Drucker-Xpress, Mitarbeiterinformation der Bundesdruckerei GmbH, Nr. 6, Oktober/November 2007, S. 6.

5 — Vgl. Drucker-Xpress, Mitarbeiterinformation der Bundesdruckerei GmbH, Nr. 3, Mai 2007, S. 2.

6 — Vgl. Drucker-Xpress, Mitarbeiterinformation der Bundesdruckerei GmbH, Nr. 2, März 2007, S. 2; vgl. Presseinformation der Bundesdruckerei vom 16. Februar 2007.

7 — Vgl. Drucker-Xpress, Mitarbeiterinformation der Bundesdruckerei GmbH, Nr. 5, Mai 2008, S. 1.

8 — Vgl. Pressemitteilung der Bundesdruckerei vom 9. März 2007.

9 — Vgl. BfDI 22. Tätigkeitsbericht 2007-2008, S. 84 ff. Elektronischer Personalausweis, S. 84 f. Verordnung (EG) Nr. 2252/2004 des Rates vom 13. Dezember 2004 über Normen für Sicherheitsmerkmale und biometrische Daten in von den Mitgliedstaaten ausgestellten Pässen und Reisedokumenten, in: Amtsblatt Nr. L 385 vom 29.12.2004, S. 1 ff; vgl. ePass Pocket Guide 2013, S. 12.

10 — Vgl. Pressemitteilung der Bundesdruckerei vom 17. Dezember 2009.

11 — Vgl Pressemitteilung der Bundesdruckerei vom Juli 2009.

12 — Vgl. Drucker-Xpress, Mitarbeiterinformation der Bundesdruckerei GmbH, Nr. 8, Dezember 2009, S. 16; vgl. Pressemitteilung der Bundesdruckerei vom 8. Dezember 2009.

13 — Vgl. Pressemitteilung der Bundesdruckerei vom 17. Dezember 2009.

14 — Vgl. Drucker-Xpress, Mitarbeiterinformation der Bundesdruckerei GmbH, Nr. 5, 2011, S. 11.

15 — Vgl. Geschäftsbericht von 2012, S. 12.

Starke Partner

1 — Vgl. Pressemitteilung der Bundesdruckerei vom 11. Juli 2007.

2 — Vgl. BfDI 22. Tätigkeitsbericht 2007-2008, S. 84 ff, Elektronischer Personalausweis, S. 84 f.; vgl. Verordnung (EG) Nr. 2252/2004 des Rates vom 13. Dezember 2004 über Normen für Sicherheitsmerkmale und biometrische Daten in von den Mitgliedstaaten ausgestellten Pässen und Reisedokumenten, in: Amtsblatt Nr. L 385 vom 29.12.2004, S. 1 ff; vgl. Kundenmagazin »Einmalig«, Nr. 1, 2005; vgl. Geschäftsbericht von 2005, S. 4; vgl. Presseinformation der Bundesdruckerei vom 31. Oktober 2007; vgl. Geschäftsbericht von 2007, S. 2; vgl. DXPRS, Mitarbeiterinformation der Bundesdruckerei GmbH, Nr. 8, November 2010, S. 11; vgl. http://www.bundesdruckerei.de/sites/default/files/faktenblatt_neuer_personalausweis.pdf; vgl. DXPRS, Mitarbeiterinformation der Bundesdruckerei GmbH, Nr. 5, Oktober 2011, S. 7.

3 — Vgl. Drucker-Xpress, Mitarbeiterinformation der Bundesdruckerei GmbH, Nr. 3, März/April 2008, S. 4; vgl. Presseinformation der Bundesdruckerei GmbH und des Fraunhofer-Instituts für Angewandte Polymerforschung (IAP) vom 26. Februar 2008.

4 — Vgl. Drucker-Xpress, Mitarbeiterinformation der Bundesdruckerei GmbH, Nr. 4, Mai 2008, S. 2; vgl. Pressemitteilung der Bundesdruckerei vom 15. April 2008.

5 — Vgl. Drucker-Xpress, Mitarbeiterinformation der Bundesdruckerei GmbH, Nr. 9, November 2008, S. 1 f.

6 — Vgl. Geschäftsbericht von 2009, S. 29.

7 — Vgl. Pressemitteilung der Bundesdruckerei vom 5. Februar 2009.

8 — Vgl. Drucker-Xpress, Mitarbeiterinformation der Bundesdruckerei GmbH, Nr. 1, Januar 2009, S. 6.

9 — Vgl. Geschäftsbericht von 2009, S. 27.

10 — Vgl. Drucker-Xpress, Mitarbeiterinformation der Bundesdruckerei GmbH, Nr. 4, Mai 2008, S. 2; vgl. Pressemitteilung der Bundesdruckerei vom 15. April 2008.

11 — Vgl. Pressemitteilung der Bundesdruckerei vom 7. Oktober 2009.

12 — Vgl. Geschäftsbericht von 2009, S. 2.

13 — Vgl. Geschäftsbericht von 2009, S. 19.

14 — Vgl. Pressemitteilung der Bundesdruckerei vom 1. November 2012.

15 — Vgl. DXPRS, Mitarbeiterinformation der Bundesdruckerei GmbH, Nr. 3, Juni 2012, S. 3.

16 — Vgl. DXPRS, Mitarbeiterinformation der Bundesdruckerei GmbH, Nr. 6, Dezember 2012, S. 10.

17 — Vgl. DXPRS, Mitarbeiterinformation der Bundesdruckerei GmbH, Nr. 5, Oktober 2012, S. 17.

18 — Vgl. Pressemitteilung der Bundesdruckerei vom 5. März 2013.

19 — Pressemitteilung der Bundesdruckerei vom 27. Juni 2013.

Full-ID-Management für moderne Gesellschaften
S. 150 — Vgl. Webseite der Bundesdruckerei.

Vorgehensweise zur Erstellung der Unternehmenschronik

Im Auftrag der Bundesdruckerei GmbH hat **Neumann & Kamp Historische Projekte** die Geschichte des Unternehmens zu Papier gebracht. Dafür wurden zahlreiche historische Text- und Bildquellen zusammengetragen, gesichtet und ausgewertet.

Das Team professioneller Historiker stützte sich bei seiner Arbeit auf vier Säulen:

1. Recherchen im hauseigenen Archiv der Bundesdruckerei vor allem Primärquellen, etwa Korrespondenzen und Akten

2. Recherchen in externen Archiven u. a. dem Bundesarchiv, dem Landesarchiv Berlin und dem Geheimen Staatsarchiv Preußischer Kulturbesitz

3. Gespräche mit Zeitzeugen Aktive und ehemalige Mitarbeiter der Bundesdruckerei, Wegbegleiter sowie Personen des öffentlichen Interesses

4. Fachliteratur

Mit diesen vier Säulen steht die historische Arbeit auf einem soliden Fundament, das den Historikern ermöglichte, vergangene Ereignisse zu rekonstruieren und als authentische sowie gleichermaßen spannende Unternehmenschronik nachzuerzählen.

Impressum

Autoren Michael Kamp, Linda Stieffenhofer, Mascha Stähle

Mitarbeit Nadine Beck, Annette Birkenholz, Ulrike Blatter, Carola Dittrich, Torsten Kube, Friederike Mehl, Stefanie Palm, Romy Schindler

Projektleitung Bundesdruckerei Antonia Maas, Jessica Behrens

Redaktionelle Unterstützung Rat für Ruhm und Ehre GmbH, Düsseldorf

Gestaltung Tom Leifer Design, Hamburg

Illustration Umschlag Siggi Eggertson

Schriften Baskerville 1757 / Supria Sans / OCR-F

Papier Munken Print / heaven42 / Oxford

Reproduktion Alphabeta GmbH, Hamburg

Druckerei Beisner Druck GmbH & Co. KG, Buchholz in der Nordheide

Printed in Germany

ISBN 978-3-944334-14-1

Besuchen Sie uns im Internet

www.augustdreesbachverlag.de

www.bundesdruckerei.de

Aus Gründen der leichteren Lesbarkeit wird in dieser Chronik auf eine geschlechtsspezifische Differenzierung, wie z. B. Mitarbeiter/Innen, verzichtet. Entsprechende Begriffe gelten im Sinne der Gleichbehandlung für beide Geschlechter.

Abbildungsnachweis

Alle Bildrechte liegen bei der Bundesdruckerei GmbH oder ihren Mitarbeitern,
mit Ausnahme der Abbildungen auf den Seiten:

Bildarchiv Neumann & Kamp — S. 11, S. 13, S. 14, S. 23, S. 29, S. 32, S. 33

S. 12 — Bildnummer 00104603, © bpk / Nationalgalerie, SMB / Andres Kilger

S. 14 — Hinterlassene Werke Friedrichs II Königs von Preussen. Erster Band. - Berlin:
Voß und Sohn, Decker und Sohn 1788, Frontispiz und Titelblatt (Sign.: RaraLit 168/1),
© Internationale Stiftung Mozarteum (ISM), Bibliotheca Mozartiana

S. 19 — Bildnummer 00001152, © bpk / Nationalgalerie, SMB / Jürgen Liepe

S. 22 — Bildnummer 40005484, © bpk / Staatsbibliothek zu Berlin / F. Albert Schwartz

S. 51 — Reisen, Andreas: Der Passexpedient. Geschichte der Reisepässe und Ausweisdokumente -
vom Mittelalter bis zum Personalausweis im Scheckkartenformat, Baden-Baden 2012, S. 139
[Abb. 120 und Abb. 121 (Dokumente aus dem Privatbesitz des Autors)] und S. 141 [Abb. 122 und Abb. 123
(Dokumente aus dem Zentralarchiv zur Erforschung der Geschichte der Juden in Deutschland)]

S. 57 — F Rep. 290 (03), Nr. 0010641, © Landesarchiv Berlin / Willy Kiel; B Rep. 009, Nr. 0000274/2,
© Landesarchiv Berlin / k. A.

S. 60 — F Rep. 270, Nr. 8149, © Landesarchiv Berlin / Deutsches Historisches Museum /
Richard Schwarz

S. 65 — F Rep. 290-02-03, Nr. 017, © Landesarchiv Berlin / Henry Ries

S. 81 — Identität im digitalen Zeitalter, hrsg. von der Bundesdruckerei GmbH, Berlin 2004, S. 99,
© Hans Peter Stiebing.

S. 85, S. 90/91 — © Deutsche Bundesbank

S. 111 — iStockphoto

S. 115 — Getty Images / iStockphoto

S. 120 — © Denise Crew LLC, Blend Images LLC, Corbis

S. 130 — © 2011 Andrea Zanchi, iStockphoto

S. 134 — © EschCollection, Getty Images

S. 136 — Getty Images / iStockphoto

S. 139 — Getty Images / DeAgostini

S. 145 — Getty Images / iStockphoto